Vivir en el Equilibrio de la Gracia y la Fe

Andrew Wommack

A menos que se indique lo contrario, todas las citas bíblicas fueron tomadas de la *versión Reina Valera de la Biblia, revisión* 1960.

Título en inglés: *Living in the Balance of Grace and Faith*
ISBN: 978-1-60683-658-3

P.O. Box 3333
Colorado Springs, CO 80934-3333

Traducido por: Citlalli Macy y René M. Tapia

Contenido

Introducción

El equilibrio entre la gracia y la fe es una verdad fundamental importante. Independientemente de que tengas una percepción consciente de eso o no, tratas con esto a diario.

El cuerpo de Cristo está dividido principalmente en dos grupos: los que enfatizan la gracia (la parte de Dios) y los que enfatizan la fe (nuestra parte).

Un grupo predica que todo depende totalmente de Dios. El otro grupo enseña que hay muchas cosas que debemos hacer. Ambos sostienen que el otro grupo está totalmente equivocado.

A nivel personal, podríamos describir esto de diferentes maneras, pero todo se reduce a: "¿Cuál es la parte de Dios, y cuál es mi parte? ¿Qué debo hacer?"

La Biblia claramente revela un equilibrio entre la gracia (la parte de Dios) y la fe (nuestra parte). Al leer este libro conforme abres tu corazón para recibir La Palabra de Dios, el Señor tiene unas verdades que transformarán tu vida y las quiere compartir contigo.

Capítulo 1

Sodio y Cloruro

Nos podemos familiarizar tanto con algún pasaje de las escrituras que verdaderamente no sabemos lo que dice. Ya no le ponemos atención porque nos es muy conocido. Efesios 2:8-9 se ha convertido en uno de esos pasajes para muchos creyentes.

Porque por gracia sois salvos por medio de la fe; y esto no de vosotros, pues es don de Dios; no por obras, para que nadie se glorie.

Aquí están reveladas unas verdades profundas, una de las cuales es que somos salvos por la gracia a través de la fe.

El cuerpo de Cristo está básicamente dividido en dos grupos: los que enfatizan la gracia (lo que Dios hace) y los que enfatizan la fe (lo que nosotros hacemos).

Un grupo predica que todo depende totalmente de Dios. Dicen: "Lo que cuenta es la soberanía de Dios. Será lo que Él escoja". El otro grupo enseña: "No, tú tienes que hacer esto y esto, y esto y esto". Los que predican la responsabilidad del hombre normalmente dirán que aquellos que enseñan que todo depende de Dios están totalmente equivocados. Y los que predican que todo depende de Dios enseñarán en contra de los que dicen: "No, tú tienes que hacer algunas cosas".

Tú podrías expresar este mismo tema de una manera diferente, pero todo se reduce a esto: ¿Qué debo hacer? ¿Qué le toca a Dios, y qué me toca a mí? La Palabra de Dios claramente revela un equilibrio entre la gracia y la fe.

Se ha Manifestado a Todos los Hombres

Aunque el cuerpo de Cristo generalmente se divide en dos grupos—uno que enfatiza lo que Dios tiene que hacer, y el otro que enfatiza lo que nosotros debemos hacer—Efesios 2:8-9 dice que somos salvos por la gracia a través de la fe. No somos salvos por una o la otra.

Ahora bien, para que esto sea verdad estrictamente hablando, hay una frase entre paréntesis en la última parte del verso 5, que dice:

> ***(Por gracia sois salvos).***
>
> Efesios 2:5

No estoy diciendo que está mal afirmar que somos salvos por gracia. Pero estrictamente hablando, no es la gracia por sí sola la que nos salva. Es verdaderamente importante que comprendamos este punto. Dios ha hecho mucho por nosotros por la gracia; sin embargo, para que nosotros recibamos lo que Él ha hecho, debe haber una respuesta positiva de nuestra parte, que es lo que la Biblia llama "fe". Tiene que haber una combinación de ambas: la fe y la gracia.

No eres salvo sólo por gracia.

> ***Porque la gracia de Dios se ha manifestado para salvación a todos los hombres.***
>
> Tito 2:11

La gracia es lo que Dios hace por ti. Es Su parte. Es algo que fue hecho para ti antes de que existieras. La gracia no tiene nada que ver contigo. Por definición, es "un favor que no ameritamos, que no hemos ganado, y que no merecemos". Si la gracia es algo que Dios hace, y si la gracia por sí sola salvara, entonces todas las personas serían salvas porque Tito 2:11 revela que la gracia de Dios que trae salvación se ha manifestado a todos los hombres.

La Gracia de Dios

La gracia de Dios es la misma para todo el mundo. Dios ha sido exactamente el mismo para cada persona que ha vivido. Pero tú podrías estarte preguntando: "¿Entonces por qué fulano y zutano fueron sanados y yo no? ¿Por qué Dios los tocó a ellos y no a mí?" El problema es: cuando ves que algo sucede, tú piensas que de repente Dios ha hecho algo para una persona, o provisto de algo a una persona, y que a ti no te ha provisto de ese algo. La gracia de Dios es la misma para todos porque no está basada en, o relacionada con, lo que haces. Dios por Su gracia, ya ha traído la salvación a toda persona sobre la faz de la tierra (Tito 2:11).

Esto no es algo que normalmente se entienda. La mayoría de la gente cree que es su comportamiento lo que les ganará una mayor ventaja y el favor de Dios para que Su poder opere en sus vidas. Pero la verdad es que, en el momento que empiezas a relacionar la bendición de Dios—la manifestación de Su poder en tu vida—con cualquier cosa que tú has hecho, en ese mismo momento anulas la gracia, porque has hecho que la manifestación de la gracia de Dios en tu vida sea proporcional a algo que tú has hecho. Si tú piensas de esa manera, significa que no comprendes la gracia de Dios.

Dios, por gracia, ya te ha provisto de todo antes de que lo necesitaras. Toma, por ejemplo, la salvación. Mucha gente piensa que tú tienes que pedirle a Dios que perdone tu pecado y a Jesucristo que venga a tu corazón para recibir la salvación. Oran así: "Jesucristo, ¿podrías venir a mi vida?". Les dicen a otros: "Solamente pídele a Cristo que venga a tu vida". Eso no es la salvación.

El Pecado no Representa un Problema

Hechos 16: 30-31 es un ejemplo bíblico de alguien que recibe la salvación. Pablo y Silas estaban en la cárcel de Filipos, y el carcelero vino a ellos y les preguntó…

Señores, ¿qué debo hacer para ser salvo?

Hechos 16:30

Ellos no contestaron diciendo: "Pídele a Jesucristo que venga a tu vida" o "Arrepiéntete de tus pecados, y deja de hacer esto y aquello". Simplemente respondieron:

Cree en el Señor Jesucristo, y serás salvo.

Hechos 16:31

¿Creer qué? No creer simplemente que Jesucristo existió, o que Él vino.

Jesucristo no murió solamente por la gente que Él sabía que lo aceptaría algún día.

Y él es la propiciación por nuestros pecados; y no solamente por los nuestros, sino también por los de todo el mundo.

1 Juan 2:2

Jesucristo murió por cada pecador que ha vivido en esta tierra. Y murió por nuestros pecados hace dos mil años, mucho antes de que los cometiéramos. El Señor no espera hasta que le pidamos: "Por favor, ven a nuestro corazón", para perdonarnos de nuestros pecados. La verdad radical es que, los pecados de todo el mundo ya están perdonados.

Dios perdonó tus pecados antes de que existieras. Antes de que nacieras, todos tus pecados fueron perdonados. Antes de que hubieras cometido un pecado, Dios lo perdonó. Tus pecados están perdonados. El pecado en realidad no representa un problema para Dios.

Ya Han Sido Perdonados

Éste no es el mensaje de la iglesia hoy por hoy. Esencialmente la iglesia está predicando que cada vez que pecas, eso es una afrenta para Dios. Dicen: "Tienes que obtener el perdón de ese pecado y cubrirlo con la sangre de Cristo antes de que Dios pueda actuar en tu vida". Eso no es lo que Las Escrituras enseñan. La Palabra revela que tus pecados ya han sido perdonados. Tú no tienes que pedirle a Dios que perdone tus pecados, o que venga a tu vida. Lo que tienes que hacer es creer en el Evangelio—que Jesucristo ya ha venido, ya murió, ya resucitó, y ya perdonó los pecados del mundo.

Alguien podría decir: "Muy bien, si eso es verdad, entonces todo el mundo es salvo, ¿sí?" No, porque la gracia por sí sola no te salva. Dios, por gracia, ha hecho la provisión y ha pagado por los pecados de todas las personas. La gente no se está yendo al infierno por la inmoralidad sexual, por el asesinato, por la deshonestidad, o por el robo. Todos esos pecados ya han sido pagados. El pecado que va a mandar a la gente al infierno es el pecado individual de rechazar a Jesucristo como su Salvador personal. Esto es lo que la Biblia revela en Juan 16:8.

> ***Cuando él viniere [el Espíritu Santo] redargüirá al mundo de pecado, y de justicia, y de juicio.***
>
> Juan 16:8 Los corchetes son míos. (Reina Valera Antigua).

Luego en el verso 9, Jesucristo explicó por cual pecado el Espíritu Santo redargüiría al mundo.

> ***De pecado, por cuanto no creen en mí.***
>
> Juan 16:9

La iglesia ha estado desvirtuando al Espíritu Santo al decir: "Él está aquí para castigarte cada vez que mientes, que haces trampa, y que robas. Él te regañará cada vez que no estudies La Palabra, o que no hagas tal o cual cosa". Esto nos ha hecho conscientes del pecado.

Ha magnificado al pecado. Pero la verdad es que Jesucristo ya ha pagado por eso. El Espíritu Santo sólo está tratando con nosotros sobre este asunto: "¿Has creído en el Señor Jesucristo?" Si has hecho a Jesucristo tu Señor, entonces todos tus pecados—pasados, presentes, y futuros (los pecados que aún no has cometido)—ya han sido perdonados.

La Misma Para Todos Nosotros

Esa verdad haría que me expulsaran. Es por eso que mis reuniones a nivel de ciudad comúnmente se llevan a cabo en un lugar neutral, como un hotel o un centro de convenciones. No hay muchas iglesias dispuestas a permitirme que comparta estas verdades que son tan radicales.

El problema del pecado ya ha sido resuelto por la gracia (He. 9 y 10). Si es por gracia, entonces eso significa que no depende de que le hayas pedido o no que te perdone. La verdad es que, Dios proveyó de salvación a toda la raza humana por gracia

Una vez más, Tito 2:11 dice:

Porque la gracia de Dios se ha manifestado para salvación a todos los hombres.

La gracia de Dios es exactamente la misma para todo el mundo—no sólo para ti, sino para toda persona sobre la faz de la tierra. A Adolfo Hitler se le ofreció tanta gracia como se nos ha ofrecido a ti y a mí. Jesucristo amó, murió, y pagó por los pecados de toda persona que ha hecho cosas terribles en la historia del mundo, de la misma manera que lo hizo por toda la gente que lo ha recibido, que lo ama, y lo busca. La gracia de Dios es la misma para todos nosotros.

Dios, por gracia, ya ha suministrado sanidad a todos. Uno de mis empleados que trabaja en nuestras reuniones regionales era un tetrapléjico. Ahora puede caminar y está muy bien. Fue sanado en forma sobrenatural. A todo tetrapléjico se le ha ofrecido exactamente la misma gracia. Dios no es diferente con ninguno de nosotros.

Una Verdad Radical

En el momento en que empiezas a decir: "¿Bueno, por qué lo sanó Dios? ¿Por qué la sanó de cáncer? ¿Por qué Dios hizo esto por ellos, sin embargo no lo ha hecho por mí?" En el momento en que empiezas a pensar de esa manera tienes que tomar en cuenta tu comportamiento. "Bueno, no he orado suficiente. No he hecho lo suficiente de esto o de aquello. Por esto Dios no lo ha hecho". Ésa es una manera de pensar equivocada.

La gracia de Dios es constante. Él es el mismo para todo el mundo. Dios no hace acepción de personas (Ro. 2:11). Él no ama más a una persona que a otra. Él no ha dado más provisión de alguna cosa a una persona que a otra. Dios ha perdonado los pecados de toda la raza humana. ¿Significa eso que todos son salvos? No, porque no todo el mundo ha puesto fe en lo que Dios hizo por gracia. La gracia es lo que Dios hace por nosotros independientemente de nosotros. Antes de que tú existieras, inclusive antes de que tuvieras una necesidad, Dios ya había creado la provisión necesaria. Antes de que tú te desanimes, Dios ya te ha bendecido con toda bendición espiritual, Él ya te ha suministrado abundantemente todo lo que necesitas. Tú no tienes que pedirle al Señor que te dé gozo y paz, que te sane, te prospere, ni que te salve. Tú no tienes que pedir nada. Él ya te proveyó de lo necesario aun antes de que tuvieras ese problema. ¡Eso es maravilloso!

Dios, por gracia, ya ha hecho todo. Él previó cualquier necesidad que tú pudieras tener, y ya satisfizo todas esas necesidades a través de Cristo. Jesucristo fue el medio a través del cual Dios intervino en los asuntos del hombre. Él es el medio por el cual Dios suministró todo, y eso sucedió hace dos mil años. Jesucristo no ha muerto por los pecados de nadie más desde entonces, Él no ha sanado a ninguna persona desde hace dos mil años cuando Él tomó nuestras llagas en Su espalda. La salvación, la sanidad, y la liberación ya han sido concedidas. Hoy, cuando la gente escucha la verdad y cree, de repente lo que Dios ya ha suministrado por gracia se convierte en una realidad para ellos. Conforme mezclan la fe con La Palabra de Dios, lo que Él ya ha hecho por gracia empieza a manifestarse en sus vidas.

Eres salvo por gracia a través de la fe; no es una o la otra. Ésa es una verdad radical que comentaré y explicaré en el resto de este libro. La comprensión de esta verdad fundamental hará una gran diferencia en tu vida.

El Veneno

Es como el sodio y el cloruro. Tanto el sodio como el cloruro son venenosos. Si ingieres la suficiente cantidad de cualquiera de ellos por separado te matará. Sin embargo, si mezclas el sodio con el cloro, se convierten en sal, y tú morirás si no la ingieres.

Si todo lo que haces es enfatizar: "Bueno, todo depende de Dios", eso te matará. Pero por otro lado, si todo lo que haces es enfatizar: "Tienes que creer, y hacer esto y esto", eso también te matará. La verdadera fe Bíblica simplemente es una respuesta positiva a lo que Dios ya ha suministrado por gracia. La fe no hace que Dios actúe, ni lo obliga a hacer nada.

Si no reconoces que la fe simplemente es la manera como te apropias de y recibes lo que Dios ya ha suministrado por gracia, entonces la ley y el legalismo te matarán. Eso pone toda la carga en tu espalda, lo que tampoco es bueno. La fe o la gracia—separada una de la otra, sin mezclarlas correctamente—te matarán.

Mucha gente en la iglesia enfatiza: "Todo depende de Dios". Toman una actitud pasiva diciendo: "Dios es soberano. Sucede lo que Él quiere. Lo que será, será. *Whatever will be, will be.* Todo depende de Dios". Eso te matará. Puedo nombrar algunas personas a las que eso las ha matado. Simplemente estaban esperando que Dios las sanara, sin comprender que también tenemos que hacer algo.

Por otro lado, hay gente que enfatiza: "Tienes que orar, estudiar, y creerle a Dios. Tienes que hacer algo". Se concentran tanto en esto que piensan que lo que hacen está causando que Dios actúe. Ven a su fe como una palanca—con la que le tuercen el brazo a Dios y lo obligan a que actúe. Eso se convierte en algo legalista, y te destruirá.

Esencialmente, ésa es la clase de educación de la que me salí. Pensábamos que teníamos que hacer una gran variedad de cosas para poder ganarnos la bendición de Dios. No comprendía que el Señor ya había dado todo por gracia. Es más, teníamos un pequeño poema que decía así: "María tenía un corderito que se hubiera convertido en una oveja; pero empezó a ayudar en la iglesia local y se murió porque no podía descansar". Trabajábamos hasta el cansancio, haciendo un sin fin de cosas. Desde entonces, me he dado cuenta que así no es como esto funciona. Tiene que haber un equilibrio entre la gracia y la fe.

Capítulo 2

¿Dios es Soberano?

La gente ha tomado la verdad de que Dios actúa independientemente de nosotros, sin basarse en nuestro comportamiento, y han desarrollado una enseñanza que comúnmente es llamada "la soberanía de Dios". Dicen: "Dios actúa soberanamente", queriendo decir que nosotros no tenemos nada que ver con eso. Esencialmente, lo que están haciendo es darle un mayor énfasis a la gracia.

Enseñan: "Dios es soberano. Si es Su voluntad, sanarás. Y si no es Su voluntad, morirás. Depende totalmente de Dios". Algunas personas han exagerado esto. Hay iglesias que enseñan que algunas personas están predestinadas para la salvación y que otras están predestinadas para la condenación—y que Dios lo predeterminó. "No hay nada que puedas hacer al respecto. Depende totalmente de Dios".

El nombre teológico de este conflicto entre la gracia y la fe es "Calvinismo contra el Arminianismo". El Calvinismo enfatiza que todo depende de Dios. El Arminianismo enfatiza que tú tienes una parte que debes desempeñar, y que puedes creer y recibir, o dudar y perdértelo. Tú puedes controlar, por tu fe, la cantidad de gracia que experimentas de parte de Dios. Son los Calvinistas los que enfatizan el término de "la soberanía de Dios".

Supremo, Independiente, Excelente

No estoy en contra de esta palabra—soberano—si la usas como el diccionario la define. Como un sustantivo, significa: "Príncipe gobernante de un país" o "moneda de oro inglesa". (Diccionario

Pequeño Larousse). Pero por supuesto, no estamos hablando de una moneda.

Como adjetivo, se refiere a algo o alguien "que es muy grande o muy difícil de superar (supremo)". Si quieres llamar a Dios soberano dando a entender que Él es supremo, estoy totalmente de acuerdo.

La segunda definición es: "Que ejerce o posee la autoridad suprema". Dios definitivamente es el non plus ultra. Nadie le dice qué hacer. Él es absolutamente supremo.

La tercera definición dice: "Estado cuyo gobierno no está sometido al control o a la tutela de otro gobierno". Los Estados Unidos de América es una nación soberana. Nos independizamos de la Gran Bretaña. Somos una nación soberana. En este sentido, Dios también es soberano. Él es independiente. Nadie le da órdenes.

En el inglés la palabra soberano tiene un significado adicional que es "excelente". Si tú quieres llamar a Dios excelente, no tengo ningún problema con eso. La palabra soberano viene de la palabra del Latín que significa "super" o "por encima de".

Estoy de acuerdo con eso. Si quieres usar el término soberano como el diccionario lo usa, Dios es soberano.

Una Teología Cómoda

Pero la religión apareció y dijo que *soberano* significa que Dios controla todo, y que nada puede suceder sin Su permiso. No estoy de acuerdo con eso. No es lo que La Palabra de Dios enseña. Dios no es soberano de la manera como la religión ha enseñado.

Una persona morirá, y alguien dirá: "Bueno, seguramente era su tiempo". Simplemente piensan que nadie muere si no es el "momento destinado por Dios". En una ocasión estaba dirigiendo la alabanza en una Conferencia Evangélica para Hombres de Negocios. El conferencista acababa de llegar del funeral de dos adolescentes que habían muerto en un accidente automovilístico. Después de que consumieron alcohol y drogas, manejaron a alta velocidad en una calle que estaba mojada y resbaladiza, no pudieron dar una vuelta y se estrellaron con un poste de teléfono. Ambos murieron. Este hombre tomó la palabra y dijo: "Bueno, sabemos que Dios es soberano. Él hace que todo obre para bien, y Él tiene un propósito en esto. La gente no puede morir si no es la voluntad de Dios". La mayoría de la gente ha escuchado, dicho, o a lo mejor inclusive aceptado algo semejante a esto en alguna época de su vida.

Ésta es una teología cómoda. Hay cosas que no comprendemos, así que esto es más fácil. En vez de hacer responsables a estos adolescentes, diciendo: "No debieron haber tomado, consumido drogas, ni manejado a alta velocidad en una calle mojada", simplemente decimos: "Bueno, era la voluntad de Dios". No, no era Su voluntad. La gente muere todo el tiempo sin que sea la voluntad de Dios.

Dios no selecciona tu número en el cielo y por eso estás destinado a morir. Las Escrituras revelan claramente que Jesucristo vino…

Para destruir por medio de la muerte al que tenía el imperio de la muerte, esto es, al diablo.

Hebreos 2:14

Satanás es el que anda alrededor buscando a quien devorar (1 P. 5:8). Él es el que viene a robar, matar y destruir (Jn. 10:10). Dios nos dijo que no comiéramos del árbol del conocimiento del bien y el mal porque el día que de él comiéramos ciertamente moriríamos (Gn. 2:17). Nosotros trajimos la muerte a esta vida. Iniciamos el envejecimiento, el deterioro, la enfermedad, y las dolencias. Dios no es el que controla si te enfermas o no. Nosotros iniciamos la corrupción en este planeta. Dios no controla todas estas cosas.

Mi papá murió cuando yo tenía doce años de edad. Recuerdo que nuestro pastor vino a visitarnos, se sentó, y me vio, mientras decía: "Andy, Dios necesitaba a tu papá en el cielo más de lo que tú lo necesitas". ¡Inclusive a mis doce años de edad, sabía que eso no era verdad! Pensé: "¿Para qué necesita Dios a mi papá en el cielo?" El Señor no mató a mi papá. Eso era una excusa. Era una manera fácil de tratar con las cosas.

La Verdad

En la primera iglesia que pastoreé, había una pareja que había vivido en Guatemala. Su bebé nació en el taxi, camino al hospital. Después de que se quedó sin aire por un período de tiempo, finalmente lo revivieron. Este niño estaba afectado de mongolismo. Tenía toda clase de problemas, incluida la ausencia del sistema inmune. Este niño vivió hasta los cuatro años de edad.

Murió en mis brazos mientras oraba por él. Luego, por dos horas, oré para que resucitara de entre los muertos, pero no resucitó. Estaba yo batallando para poder ayudarle a la familia y ayudarme a mí mismo. Como su pastor, verdaderamente hubiera querido tener algo confortante que ministrarles. Me sentí tentado a decir: "Bueno, no era la voluntad de Dios que este niño reviviera", y simplemente echarle la culpa a Dios. Él es grande. Él puede tratar con eso.

Fui tentado, sin embargo, le dije la verdad a esta pareja: "Miren, Dios no mató a su hijo. Ésta no es Su voluntad. En realidad no comprendo por qué no pudimos sanarlo ni resucitarlo de entre los muertos. Es mi falta de fe, o la falta de fe de ustedes, o una combinación de ambas. O a lo mejor son cosas que ni siquiera entiendo. Pero puedo asegurarles que Dios no es un asesino de bebés".

Aunque no fue muy confortante en ese tiempo, tenía que decirles la verdad. Habría sido mucho más confortante inventar alguna excusa religiosa, diciendo: "Dios es soberano. Nada puede suceder sino lo que Dios permite". Pero ésa no es la verdad.

> ***Conoceréis la verdad, y la verdad os hará libres.***
>
> Juan 8:32

Es conocer la verdad lo que nos hará libres. Tiempo después, esta mujer regresó y me dijo: "Tuve miedo desde el día que nació. Me dijeron que no tenía un sistema inmune, y que si algún día le daba un catarro, moriría". Me dijo: "Había presentido esto durante cuatro años. Cuando vi que se resfrió, supe que iba a morir". Los doctores también le dijeron que nunca se embarazara porque era muy pequeñita para tener hijos. Que si tenía más hijos, tendrían que nacer por cesárea y que probablemente tanto ella como el niño morirían. El Señor le mostró algunas cosas y se dio cuenta de la verdad. Como no hice lo que era más fácil, sino que le dije la verdad, esa mujer descubrió cuál era su problema, trató con eso, y tuvo cuatro hijos más. Porque le dije la verdad, ella recibió La palabra de Dios y tuvo otros cuatro hijos—todos fueron partos naturales en su casa. Ningún doctor le hubiera permitido tener hijos después de ver su historial médico, así que ella simplemente le creyó a Dios y tuvo partos naturales en casa. Hace unos años, ella me envió una fotografía de la graduación en la universidad de sus cuatro hijos vestidos con sus togas y sus gorros, y me agradeció por haberle dicho la verdad.

¿Hechos de Dios?

Es comprensible querer controlar los problemas, y querer tener una respuesta para todo diciendo: "Bueno, debe de ser la voluntad de Dios. Él es soberano". Pero no es la verdad, y eso te someterá a esclavitud.

Si Dios fuera una persona de carne y hueso y si fuera culpable de todo aquello por lo que se le culpa, lo arrestarían, enjuiciarían, y ejecutarían. Si Dios fuera el que está haciendo bebés deformes, haciendo que los matrimonios se separen, y mandando tormentas para destruir, lo expulsarían. Si verdaderamente Él ocasionara todos los terremotos, tornados, y otros desastres naturales a los que llamamos en nuestros contratos "hechos de Dios", todos los países lo expulsarían si pudieran. La verdad es que, están desvirtuando a Dios, diciendo mentiras acerca de Él y culpándolo por cosas que no hizo.

La enseñanza de que Dios controla todo soberanamente es la peor herejía en el cuerpo de Cristo porque hace pasiva a la gente. Si verdaderamente crees que Él controla cualquier cosa que sucede, entonces ¿cuál es el objetivo de que tú hagas algo? ¿Para qué buscar a Dios? ¿Para qué molestarte en asistir a los servicios de la iglesia o a las conferencias? ¿Por qué no quedarse en casa sentado en el sillón, comiendo dulces y viendo la televisión, ya que la voluntad de Dios va a suceder de todas maneras? ¿Por qué necesitarías hacer algo si la voluntad de Dios sucederá y no importa si tú tienes fe en que así sea o no? ¡Ésa es una doctrina terrible!

Algunas personas ven qué radical es esto, pero aun así lo usan cuando es conveniente. Cuando alguien muere dicen: "Bueno, seguramente es la voluntad de Dios". No, Dios no es el que ocasiona la muerte. Satanás es el autor de la muerte, y nosotros somos los que lo soltaron en esta tierra. Dios no está matando a nadie hoy. No puedes tomar solamente parte de esta doctrina y mezclarlo todo. No puedes decir: "Bueno, tengo algo de responsabilidad, pero hay algunas cosas que Dios controla. Él es soberano en esta área". No, o Dios controla todo, o no lo hace. Tiene que ser una opción o la otra, pero no una combinación de ambas.

Nunca he comprendido a la gente que se enoja conmigo porque predico esto. Dicen: "Eso es del diablo. ¡¿Cómo te atreves a predicar eso?!" Así que les preguntó: "Si Dios controla todo, y nada puede suceder sin que Él lo cause o lo permita, entonces yo no podría estar predicando esto si Dios no lo permitiera. De acuerdo a tu propia doctrina, ¿por qué habrías de estar molesto conmigo? Debe de ser la voluntad de Dios que yo predique esto. Si Dios verdaderamente controla todo, entonces Él me está guiando a decir todo lo que estoy diciendo, o no podría decirlo".

Eso Desafía la Lógica

Si verdaderamente crees que Dios controla todo, entonces cuando te enfermas, ¿por qué vas a un doctor y tratas de evadir la voluntad de Dios? ¿Por qué tomas medicina para disminuir el dolor? Si Dios ocasionó eso, y está tratando de enseñarte algo y de lograr algún propósito de redención en tu vida, entonces ¿por qué estás tratando de aminorarlo? ¿Por qué no aprendes tu lección y sufres todo lo que te sea posible?

Esto desafía la lógica. Nadie creería esta doctrina a menos que sean religiosos. Tienes que ser enseñado así, y aceptarlo con una fe ciega. No funciona en el mundo natural. Hasta las personas que dicen que Dios les está dando enfermedad van al doctor y tratan de evadir "Su voluntad". Inclusive aquellos que dicen que Dios hizo que su matrimonio fracasara, oran al mismo Dios—quien según ellos ocasiona todo—y le piden que intervenga. Hasta aquellos que dicen que Dios es el que causó sus problemas financieros, y que está usando eso porque ellos necesitan llenarse de humildad, orarán y le pedirán misericordia y ayuda. Si verdaderamente crees que Dios soberanamente controla todo, entonces no tiene objeto que hagamos nada, porque la voluntad de Dios está ocurriendo soberanamente, independientemente de nosotros.

Eso no es lo que la palabra *soberano* significa. Eso es una definición religiosa y su aplicación.

Tu Cooperación

Dios, por gracia, ha suministrado todo. Pero tú tienes libertad total para escoger si quieres que la perfecta voluntad de Dios para ti se realice o no. Eso no sucede sin tu cooperación.

> ***Y a Aquel que es poderoso para hacer todas las cosas mucho más abundantemente de lo que pedimos o entendemos.***
>
> Efesios 3:20

La mayoría de las personas se detiene allí y aceptan este versículo tal como es. Sin embargo, están omitiendo la parte de la que depende el significado de todo el versículo.

> ***Según el poder que actúa en nosotros.***
>
> Efesios 3:20

Dios no puede hacer—o podrías decir no hace— nada que esté más allá de este poder que actúa en ti, el cual es la fe.

No es Automático

Es la voluntad de Dios que todo el mundo sea salvo.

> ***El Señor no retarda su promesa... no queriendo que ninguno perezca, sino que todos procedan al arrepentimiento.***
>
> 2 Pedro 3:9

Dios por gracia, ya ha suministrado la salvación para todo el mundo. Pero tú tienes que tener fe en la gracia de Dios para que se realice. Este versículo lo deja muy claro. Es la voluntad de Dios que todas las personas sean salvas, pero no todas las personas son salvas porque no todos han respondido con fe a lo que Dios ha dicho. La voluntad de Dios no se realiza automáticamente.

> ***Entrad por la puerta estrecha; porque ancha es la puerta, y espacioso el camino que lleva a la perdición, y muchos son los que entran por ella; porque estrecha es la puerta, y angosto el camino que lleva a la vida, y pocos son los que la hallan.***
>
> Mateo 7: 13,14

Jesucristo dijo que habrá más gente que entre por el camino espacioso que lleva a la destrucción que por el camino angosto que lleva a la vida eterna. El Señor Jesucristo claramente dijo que no todos serán salvos, y sin embargo, 2 Pedro 3:9 revela que es la voluntad de Dios que todo el mundo sea salvo. ¿Cómo puedes armonizar estos versículos y llegar a cualquier otra conclusión excepto que la voluntad de Dios no se realiza automáticamente?

Tienes libre albedrío. Dios, por gracia, te ha proveído de todo. Pero si tú no crees, no lo recibirás

Capítulo 3

La Voluntad de Dios

La voluntad de Dios es que todas las personas sean sanas. Jesucristo es el ejemplo perfecto de la voluntad de Dios.

> ***Cómo Dios ungió con el Espíritu Santo y con poder a Jesús de Nazaret, y cómo éste anduvo haciendo bienes y sanando a todos los oprimidos por el diablo, porque Dios estaba con él.***
>
> Hechos 10:38

Lo que Jesucristo hizo fue bueno, sanar a todos los oprimidos por el diablo. La Biblia revela que en los últimos días la gente llamará al mal "bien" y al bien "mal" (Is. 5:20). En Su época, Jesucristo dijo que era bueno sanar al enfermo. Hoy, hay iglesias que afirman que sanar al enfermo es cosa del diablo. Llaman a lo bueno "malo" y a lo "malo" bueno. Hechos 10:38 revela que era el diablo el que estaba oprimiendo a esa gente. Hoy por hoy, iglesias enteras están diciendo: "Cuando te enfermas, Dios es el que te está enfermando. Te está llenando de humildad". Han puesto todo patas arriba, llamando a lo bueno "malo" y a lo malo "bueno".

Si no comprendes esto, ¿cómo vas a poder ver que el poder de Dios se manifieste en tu vida? Si ni siquiera sabes lo que Dios está haciendo, ¿cómo vas a poder ver que Su poder se manifieste a través de ti hacia alguien más? Si no puedes discernir entre lo que Dios está haciendo y lo que el diablo está haciendo, no sabrás qué es lo que debes resistir y a qué te debes someter.

Veredas Profundas

¿Le estás echando la culpa a Dios por las tragedias en tu vida?

Santiago 1:2-4 dice:

Hermanos míos, tened por sumo gozo cuando os halléis en diversas pruebas, sabiendo que la prueba de vuestra fe produce paciencia. Mas tenga la paciencia su obra completa, para que seáis perfectos y cabales, sin que os falte cosa alguna.

Se ha alterado el significado de estos versos y se han usado equivocadamente para enseñar que Dios controla todo en tu vida. Si a alguien no le hubieran estado enseñando eso ni lo hubieran predispuesto con ese concepto, no interpretaría estos versículos así. Es como un camino viejo sin asfalto en el que las carretas han ido y venido por años. Los surcos son tan profundos que ni siquiera puedes empezar a avanzar por ese camino sin caer en éstos. Algunos de nosotros hemos pensado de cierta manera por tanto tiempo, que cuando escuchamos algo, automáticamente lo cambiamos, traducimos, e interpretamos de una manera que contradice lo que Las Escrituras dicen.

Santiago 1:2-4 no dice que Dios trae problemas a tu vida para ayudarte a ejercer la paciencia. Sin embargo, eso es lo que la gente enseña con base en estos versículos. "Si quieres ser paciente, entonces estás buscando problemas porque las diversas pruebas producen paciencia".

Fe Duradera

Romanos 15:4 dice:

Porque las cosas que se escribieron antes, para nuestra enseñanza se escribieron, a fin de que por la paciencia y la consolación de las Escrituras, tengamos esperanza.

Romanos 15:4

Las cosas que se escribieron antes, para nuestra enseñanza se escribieron, a fin de que por la paciencia y la consolación de las Escrituras, tengamos esperanza.

Fíjate que dice: **"por la paciencia y la consolación de las Escrituras".** La paciencia viene de Las Escrituras.

La paciencia es la fe puesta en práctica a través de un período prolongado de tiempo. En lugar de que sea una fe momentánea, la paciencia es prolongada, es una fe que perdura. Tú sólo debes creer, y continuar creyendo. Romanos 15:4 dice que la paciencia viene de Las Escrituras.

Así que la fe es por el oír, y el oír, por la palabra de Dios.
Romanos 10:17

La fe viene a través de La Palabra. También la paciencia. Son frutos del Espíritu

Mas el fruto del Espíritu es...paciencia,....fe.
Gálatas 5:22

Cuando volviste a nacer, Dios te dio fe y paciencia. Son el fruto de tu nuevo, espíritu vuelto a nacer.

Conocimiento Práctico

La paciencia no viene a través de dificultades. Si lo hiciera, entonces las gentes que más han sufrido serían las más pacientes. Eso no es verdad. Te reto para que me compruebes que la gente que ha tenido más dificultades va a ser la más santa, devota y paciente. La paciencia no viene a través de las dificultades y de la tribulación.

Sin embargo, si tú ya tienes paciencia a través de La Palabra de Dios y del fruto del Espíritu Santo en tu interior, tienes que usarla para que alcance su plena resistencia.

En 1969, tuve que servir en el servicio militar obligatorio. Me mandaron al entrenamiento elemental para aprender cómo ser un soldado—disparar un arma, lanzar granadas, y muchas otras cosas. Después de que llegué a Vietnam, bromeábamos sobre la gente que acababa de llegar a ese país porque por su falta de experiencia eran muy peligrosos. Todo lo que tenían era un conocimiento teórico. Nunca habían aplicado ese conocimiento en la práctica. Aunque tenían el mismo entrenamiento que todos los demás, hay una mayor comprensión sobre cómo usar el entrenamiento que viene cuando lo pones en práctica. Serás un mejor soldado después de recibir un ataque y de tener que poner en práctica lo que aprendiste en el entrenamiento, que cuando estabas en el entrenamiento básico, lo habías aprendido, pero solamente tenías un conocimiento teórico. Hay una diferencia entre el conocimiento teórico y el conocimiento práctico.

Sin embargo, un soldado no anda por ahí buscando conocimiento práctico. Él no toma la palabra y dice: "En este momento, sé que todo lo que tengo es conocimiento teórico. Verdaderamente necesito que "*Charlie Cong* se aparezca y me ataque para que yo pueda convertirme en un mejor soldado". Luego cuando ve que el enemigo se aproxima, se levanta y corre para abrazarlo, y darle la bienvenida porque piensa que: "¡Has venido para que yo mejore!" No, así no funciona. Te matarán si haces eso. El enemigo no vino para que tú mejores. Vino para matarte.

Dios no es el que te da problemas para que mejores. Si tú crees que para eso son, entonces les darás la bienvenida y los harás parte de ti como si vinieran de Dios. Le achacarás el mal a Dios, lo cual está mal, y Satanás usará eso para matarte.

Pasivo

Pero si tú reconoces que tu problema no es de parte de Dios, y dices: "Voy a pelear en contra de esto, y cuando lo venza, seré más fuerte que antes". Muy bien, eso está bien. En realidad, eso es lo que Santiago 1:2-4 está diciendo. Así como estos versos no están diciendo que Dios te trae problemas, así mismo un enemigo no te ataca para que seas un mejor soldado; éste viene en tu contra para matarte.

Hay algunas cosas a las que te tienes que someter, y otras que debes resistir.

Someteos, pues, a Dios; resistid al diablo, y huirá de vosotros.
Santiago 4:7

Esta enseñanza extremista sobre la soberanía de Dios—que dice que Él controla todo—invalida este verso. Si Dios controla todo, y nada sucede sin que Él lo desee o lo permita, ¿cuál es el propósito de que tú resistas algo? Todo vino de Dios, y si lo resistes, terminarás resistiéndote a Él. Este concepto equivocado te hace pasivo, y actualmente éste es el estado en el que está la mayoría de personas en el cuerpo de Cristo.

En relación a la enfermedad, no pueden discernir. Dicen: "A lo mejor esto viene de Dios. Así que Señor, ¿podrías sanarme, si es tu voluntad?" Simplemente dicen una oración, y si sanan, entonces era la voluntad de Dios. Si no sanan, es que ya les tocaba. ¡Qué teología tan tonta! Nunca nadie va a poder recibir algo de Dios así.

Pelea Enérgicamente

En una ocasión a un predicador le preguntaron si diezmaba. Él contestó: "Claro que sí. Tomo todas las ofrendas que recibo y las pongo en esta cubeta. Luego lo aviento al aire, orando: 'Dios, si Tú quieres algo, tómalo. Lo que caiga en el suelo es mío'". Nunca vas a dar un diezmo así. Tienes que ser un poquito mejor intencionado.

Lanzar tu oración por ahí, diciendo: "Dios, si es Tu voluntad, entonces sáname. Si ésa no es tu voluntad, entonces debe ser tu voluntad que esté sufriendo así" es tan tonto como tratar de diezmar al aventar tu dinero al cielo y pedirle al Señor que tome lo que Él quiera. Así no funciona. Hay ciertas cosas que son de Dios. Tú te sometes a éstas. Hay otras cosas que son del diablo. Tú resistes éstas.

Resistir significa "Luchar alguien con la persona o cosa que le ataca". Si no luchas enérgicamente en contra de eso, entonces te has sometido a ello. Decir: "Querido Satanás, por favor déjame en paz", no es resistir al diablo. Tienes que enojarte, y no puedes enojarte si piensas que Dios es parte de esto.

Los miembros de una iglesia pequeña que yo había empezado a pastorear querían invitar a un predicador para que viniera a ministrar. Les dije que no porque no lo conocía. Ellos argumentaron: "Bueno, él estaba aquí antes que tú". Así que dije: "Denme uno de sus mensajes y lo escucharé". En ese casete él enseñaba sobre Romanos 8:28, diciendo que todo viene de Dios.

Él admitió que tenía una lujuria demoníaca en su corazón por las mujeres. Mientras predicaba, él sentía atracción por las mujeres que estaban sentadas en el auditorio. Dijo que el problema se agravó tanto que finalmente se lo contó a su esposa. Decidieron buscar ayuda para que lo liberaran y para que le sacaran este demonio. Cuando se dirigía a su automóvil parar ir a la cita donde iba a ser liberado, puso la mano en la manija y una voz que él le atribuyó a Dios (yo no creo que era la voz de Dios) le habló diciendo: "No podrías tener este problema si yo no lo permitiera. He enviado esto para enseñarte a tener paciencia, para que seas más santo, y para que mejores. Si te sacan a este demonio vas a obstruir mi voluntad". Así que este hombre canceló su cita y se quedó con su demonio porque pensó que Dios se lo había dado para que se convirtiera en una mejor persona.

¿Dios lo Permitió?

La mayoría de la gente dice: "¡Claro que no!". Bien, es el mismo principio. ¿Cómo puedes interpretarlo de esta manera hasta cierto nivel, y luego decir: "Ah no, no creo en eso"?

En una ocasión escuché a una mujer a quien entrevistaron en la televisión. Un hombre la había secuestrado a ella y a su hija amenazándolas con una pistola. Las llevó a un lugar remoto y las violó. Luego las puso en el suelo boca abajo, y les disparó en la parte de atrás de la cabeza—al estilo de un fusilamiento. La hija murió, sin embargo la mujer sobrevivió aunque tiene algunos problemas físicos a causa de eso. La mujer estaba en la televisión diciendo: "Todas las cosas obran para bien. Dios lo permitió, y Él está recibiendo la gloria por eso".

La mayoría de nosotros diría: "No, eso no lo creo". ¿Por qué no? Si Dios verdaderamente es soberano con base en el concepto religioso de que Él controla todo y que nada sucede sin Su permiso, entonces eso significa que Dios es responsable de todos los ataques terroristas, de las violaciones, de las deformaciones, y de los problemas en este mundo.

No puedes interpretarlo solamente de una manera que se adapte a tu situación y después decir: "Creer algo más no es práctico". No. O es verdad, o no lo es.

Pero no es verdad. Dios no controla esas cosas, ni las hace. Todo lo que Santiago 1 está diciendo es que cuando encuentres tribulación, que te regocijes. No es que Dios la haya traído. Debes resistir esa tribulación sabiendo que viene del diablo, pero que es una oportunidad para que pongas tu fe en acción. Mientras pones tu fe en acción, tendrás conocimiento práctico y el conocimiento práctico te dará esperanza. Serás más fuerte y mejorarás porque permaneciste firme, resististe, y peleaste en contra del diablo. Pero si solamente te quedas cruzado de brazos, y permites que estos problemas te dominen, pensando: "Muy bien, debe ser la voluntad de Dios", no vas a mejorar y eso te destruirá.

Un Dios Bueno, Un Diablo Malo

Hoy en día la iglesia religiosa viola Santiago 1:12-13.

> ***Bienaventurado el varón que soporta la tentación; porque cuando haya resistido la prueba, recibirá la corona de vida, que Dios ha prometido a los que le aman. Cuando alguno es tentado, no diga que es tentado de parte de Dios; porque Dios no puede ser tentado por el mal, ni él tienta a nadie.***
>
> Santiago 1:12-13

Están diciendo que la tentación, los problemas, las pruebas y la persecución que enfrentan vienen directamente de Dios que está tratando de ayudarlos a ser pacientes. En este contexto, estos versos verdaderamente están diciendo: "Estas tentaciones, pruebas, y tribulaciones te ayudarán para que tu paciencia se fortalezca conforme la pongas a trabajar como un músculo y la ejercites. Pero nunca digas que esas tentaciones, pruebas, y tribulaciones vienen de Dios. ¡Nunca hagas eso!" Sin embargo, la iglesia religiosa hoy está predicando exactamente lo opuesto, diciendo: "Dios es el origen de la tragedia". Eso destruye la fe.

Jesucristo lo dejó muy claro:

> ***El ladrón no viene sino para hurtar y matar y destruir; yo he venido para que tengan vida, y para que la tengan en abundancia.***
>
> Juan 10:10

Si es algo bueno, es de Dios. Si es algo malo, es del diablo. Dios es un Dios bueno. El diablo es un diablo malo. Cada vez que te confundas con eso, y empieces a aceptar los problemas, y a decir: "Oh Dios, sé que Tú enviaste esto para doblarme, para llenarme de humildad, y para ayudarme a mejorar", acabas de adoptar esa forma de pensar extremista sobre la soberanía de Dios. Eso destruye la fe. Te destruirá a ti, y te hará ineficaz.

Una Relación Destruida

La gente que piensa que la voluntad del Señor se está manifestando con o sin ellos, tienen que culpar a Dios por las cosas malas que están sucediendo en el mundo. Piensan que es Su culpa que nuestra nación se esté convirtiendo en una nación más impía y pagana. Lo culpan por la muerte a través del aborto de más de 42 millones de bebés en los Estados Unidos, al pensar que esos bebés no pudieron haber sido asesinados si no era Su voluntad. Esta forma de pensar no solamente te da una opinión deformada de quién es Dios, también destruirá tu relación con Él.

Si yo fuera al que están culpando por mandar huracanes, tornados, tragedias, enfermedades, dolencias, por ocasionar divorcios, heridas emocionales, y la rebelión en los niños, ¿te gustaría ser mi amigo? Si tú pensaras que yo era responsable de matar y mutilar a la gente, ¿te gustaría pasar tiempo conmigo? Sin embargo la religión dice: "Dios es el responsable de todas esas cosas, ¿no lo amas?" Luego nos ponemos nuestra máscara religiosa y contestamos: "Oh sí, verdaderamente lo amo", y luego te escondes. Tienes miedo de que hayas hecho algo mal, y que Él pueda darte un cáncer porque te lo mereces. Eso es tener doble ánimo, y está destruyendo la relación de la gente con Dios.

Uno de los magnates de los medios masivos de comunicación en los Estados Unidos de América es dueño de varios canales de televisión. Él fue criado en un hogar religioso. Su hermana murió cuando eran niños, y la gente de la iglesia fue a verlo y le dijeron:

"Dios quería tener a tu hermana. Era Su voluntad que tu hermana muriera". Este hombre dijo: "Si hay un Dios, lo odio porque mató a mi hermana". Hoy él profesa ser agnóstico y está haciendo todo lo que puede para cambiar la ética judeocristiana en los Estados Unidos de América a través de sus redes de televisión. Está haciendo muy buena labor al introducir toda clase de impiedad en la televisión. La gente religiosa personificó al Señor como el que mató a su hermana, y él se volvió contra Dios de esta manera.

Hay mucha gente en esta nación que se está volviendo contra el Dios que está personificado como el que manda ataques terroristas, terremotos, inundaciones, y huracanes. Los líderes religiosos públicamente le han atribuido estas cosas al juicio de Dios. Apropósito: el huracán Katrina no fue el castigo de Dios. Si el Señor hubiera empezado a juzgar, no se habría detenido en Nueva Orleans. Estas cosas no son el castigo de Dios. Simplemente son parte de vivir en un mundo caído y dañado por el pecado. La necedad de construir una ciudad por debajo del nivel del mar y luego construir un gran lago por encima de la ciudad, contenido artificialmente, también contribuyó a esta catástrofe. Verdaderamente no fue la culpa de Dios.

Capítulo 4

Todas las Cosas Ayudan a Bien

Nos han enseñado una doctrina religiosa con base en Romanos 8:28. Pero si tú leyeras esta cita en su contexto y analizaras las palabras, no caerías en la trampa de una interpretación tan errónea. Mucha gente que no podría decirte ningún otro versículo de la Biblia puede citar Romanos 8:28, el cual dice...

Y sabemos que a los que aman a Dios, todas las cosas les ayudan a bien, esto es, a los que conforme a su propósito son llamados.

La gente ha interpretado esto como si dijera: "Nada puede suceder sino solamente la voluntad de Dios". ¡Este versículo no dice eso! No hay nada ahí que culpe a Dios por todo lo que sucede. Solamente está diciendo que el Señor puede tomar cualquier cosa que suceda y hacer que eso ayude a bien.

Pero tiene sus requisitos. La primera palabra de este verso es una conjunción *"y"*, que une a este verso con los versos anteriores. Y los versículos 26 y 27 estaban diciendo que el Espíritu Santo...

Nos ayuda en nuestra debilidad; pues qué hemos de pedir como conviene, no lo sabemos... porque conforme a la voluntad de Dios intercede por los santos.

La palabra Griega traducida como "**ayuda**" literalmente significa en infinitivo, "estar con alguien para auxiliar, cooperar, asistir". Describe una unión, no al Espíritu Santo haciendo toda la intercesión por nosotros. El Espíritu Santo nos ayuda cuando estamos intercediendo, pero Él no lo hace automáticamente por nosotros. Él coopera con nosotros.

Cuando empezamos a hacer lo que sabemos que debemos hacer y oramos, si le permitimos, el Espíritu Santo cooperará con nosotros, intercederá y producirá resultados sobrenaturales. Pero esto no sucede automáticamente. Tenemos un papel que desempeñar en esto.

Eso es muy significativo porque algunas personas dicen: "Bueno, todas las cosas ayudan a bien". No, no están ayudando a bien si no estás operando en intercesión—no solamente una intercesión humana, sino una intercesión en la que el Espíritu Santo te llena de energía y operas en Su poder. Cuando el Espíritu Santo interviene y tú estás operando en una intercesión sobrenatural, entonces puedes afirmar que sabemos que todas las cosas ayudan a bien.

A los Que Aman a Dios

Entonces hay dos requisitos más en esto. El versículo 28 dice que...

A los que aman a Dios, todas las cosas les ayudan a bien.

Este versículo con frecuencia se toma fuera de contexto, como cuando la gente dice: "Bueno, Dios hace que todas las cosas ayuden a bien". ¿Te acuerdas de los dos adolescentes que mencionamos con anterioridad en este libro? Estaban consumiendo drogas y tomando alcohol, no pudieron dar la vuelta en el pavimento mojado, y murieron. Esos adolescentes no amaban a Dios. No estoy tratando de ser malo con ellos, sin embargo podemos deducirlo por sus acciones (Lc. 6:43-44). La Biblia llama mentiroso a una persona que dice que ama a Dios, pero que no lo refleja en su manera de vivir (1 Jn. 2:4; 4:20). Consumir drogas y alcohol, sobrepasar el límite de velocidad, violar el principio de inercia (mucha velocidad al dar vuelta)—di lo que quieras, pero no hay indicación de que esos adolescentes amaban a Dios.

El conferencista de la reunión evangélica para hombres de negocios que acababa de asistir a su funeral dijo: "Bueno, sabemos que Dios se los llevó". No, no sabemos eso. Hay muchas gentes que mueren y se van al infierno. No todos los que parten de esta vida automáticamente van a estar con el Señor. Eso depende de la decisión de cada quien.

Mi esposa Jamie y yo estábamos en Inglaterra cuando la Princesa Diana murió en ese accidente automovilístico. A un pastor, uno de los niños de su iglesia le preguntó: "¿Se fue al cielo la princesa Diana?" Él contestó: "Bueno, depende de si ella conocía a Dios o no". Los medios masivos de comunicación tomaron eso muy fuera de contexto, y plasmaron este encabezado en los periódicos por toda la Gran Bretaña: "Un pastor dice que Diana está en el infierno". ¡La gente se enojó! En Inglaterra literalmente estaban temiendo la posibilidad de disturbios civiles porque alguien declaró la verdad de que si ella no había hecho a Jesucristo Su salvador personal, se iría al infierno.

No importa de quién se trate, si esa persona no ha vuelto a nacer antes de que muera, se va al infierno. No es por todos sus pecados individuales, sino porque no hizo a Jesucristo su salvador personal. Eso puede ser ofensivo para algunas personas, pero es la verdad. Tienes que creer para poder recibir.

Escoge la Vida

Como la verdad puede ser ofensiva, especialmente en un funeral, mucha gente simplemente dice: "Dios está haciendo que esto ayude a bien, y sabemos que están en el cielo", cuando no necesariamente es verdad. Hay consecuencias por nuestras acciones.

Esta doctrina religiosa de la soberanía de Dios es la misma actitud que vemos en el mundo donde la gente se niega a aceptar responsabilidad por sus acciones. En vez de admitir que tienen un problema con la bebida, dicen: "No puedo hacer nada al respecto. Es mi herencia genética". No son responsables de nada. Simplemente le echan la culpa a algo o a alguien, o a todo—a la sociedad, al color de su piel, al lugar donde crecieron. Si no pueden echarle la culpa a nadie más, simplemente le echan la culpa a su familia desintegrada.

Pero el Señor dijo en Deuteronomio 30:19...

A los cielos y a la tierra llamo por testigos hoy contra vosotros, que os he puesto delante la vida y la muerte, la bendición y la maldición; escoge, pues, la vida, para que vivas tú y tu descendencia.

Dios no solamente te dio el examen, sino que también te dio la respuesta. Escoge la vida. Pero date cuenta, Él te permite escoger. Tú tienes la capacidad para escoger. Satanás no hizo que te convirtieras en un patán. Tú escogiste ser un patán. A lo mejor durante tu vida te sucedieron algunas cosas malas que hicieron la vida más difícil para ti que para otra persona, pero nadie—ni el mismo diablo—te puede hacer algo sin tu consentimiento y cooperación.

De acuerdo a la psicología moderna, yo no puedo ser normal porque mi papá murió cuando tenía 12 años de edad. Crecí en una casa sin un padre. Los psicólogos afirman que estoy destinado a tener toda clase de problemas. Tú podrás preguntarte si soy normal o no, sin embargo mi mamá que ya tiene noventa y cinco años, recientemente me dijo que nunca le di un problema ni por un momento. No atravesé por una etapa de rebelión. Crecí amando a mi madre. No me di cuenta que estaba obligado a estar lleno de problemas si no tenía un padre. Nadie me dijo que debería tener estos problemas.

Una Actitud Análoga

En nuestra sociedad secular, nadie acepta responsabilidad por nada. "Es tu culpa que yo sea como soy". En vez de culpar a los terroristas por lo que hicieron, algunas gentes están diciendo: "Los Estados Unidos de América hicieron que los terroristas sean como son". ¡Por favor!

Esta enseñanza radical de la soberanía de Dios es análoga a la actitud del mundo secular que se niega a aceptar toda responsabilidad. Simplemente le echamos la culpa a Dios. "Él controla todo. Todas las cosas ayudan a bien". No, Él no creó esos problemas. Pero sí, Él puede tomar esas cosas y hacer que ayuden a bien. En primer lugar, depende de que el Espíritu Santo interceda a través de ti, y en segundo lugar, tienes que amar a Dios.

El tercer requisito, registrado en Romanos 8:28, para que Dios haga que todas las cosas ayuden a bien es…

A los que conforme a su propósito son llamados.

El propósito de Dios es destruir las obras del diablo.

Para esto apareció el Hijo de Dios, para deshacer las obras del diablo.

1 Juan 3:8

No funcionará si no estás resistiendo al diablo y peleando en contra de tu problema. Si lo has aceptado diciendo: "Oh Dios, gracias porque me diste este cáncer", entonces no va a ayudar a bien. Sólo ayuda a bien si amas a Dios, si estás resistiendo el problema, y si tienes determinación para destruir las obras del diablo. Si tú le permites al Espíritu Santo que obre a través de ti, entonces puedes tomar cualquier cosa que el diablo te aviente y ayudará a bien. Pero si aceptas el problema, y dices: "Dios, gracias porque mandaste estas pruebas a mi vida", eso no ayudará a bien. De hecho, te matará.

La Siesta

Cuando mi hijo mayor tenía un año de edad, un día yo estaba cargando una camioneta de madera para ganar un poco más de dinero. En esa época estaba pastoreando una iglesia en Seagoville, Texas. Hacía mucho calor, más de treinta y cinco grados centígrados, y el suelo de la maderería era pura tierra. Joshua había estado corriendo y jugando. Llegó la hora de su siesta y él quería acostarse en ese suelo de tierra para dormir. Estaba sudoroso porque había estado corriendo, yo sabía que si lo acostaba allí se ensuciaría. También sabía que a Jamie eso no le gustaría, así que lo puse en la cabina de esa camioneta que estábamos cargando. La ventana estaba por encima de mi cabeza. Cuando puse a Joshua allí baje los vidrios de las ventanas y le dije que se acostara y se tomara una siesta.

A Joshua hasta se le espantó el sueño cuando se puso de pie en la cabina. Él había querido subirse allí todo el día. Así que se despertó, empezó a mirar por la ventana, y a saludarme por los espejos retrovisores. Me acerqué y le dije que se acostara y se tomara una siesta. Me desobedeció y se levantó. Finalmente, le di unas nalgadas y le dije que se acostara y se tomara la siesta. Sin embargo, Joshua se encaramó por la ventana tratando una vez más de saludarme por el espejo retrovisor, y se cayó de esa camioneta. Sólo tenía un año de edad, se golpeó el ojo, y se cayó de cabeza en el suelo. Ese accidente pudo haberle roto el cuello, o haberlo matado, o haberle causado algún otro problema grave.

Estaba tendido en el suelo llorando. Corrí y lo abracé, lo sostuve en mis brazos, y oré por él. Cuando finalmente dejó de llorar, le dije: "Joshua, esto es lo que te estaba diciendo. Si me hubieras obedecido, esto no habría sucedido". Usé esa circunstancia negativa para enseñarle una lección.

Si mi hijo hubiera sido como la mayoría de los Cristianos, le habría dicho a sus amigos: "¡Mi papá es un papá formidable!

Me empujó de la cabina de esa camioneta, me amorató un ojo, y me lanzó de cabeza para enseñarme a obedecerlo". Si alguien pudiera comprobar que un padre hace cosas como esas, el servicio del gobierno de protección al menor vendría, lo arrestarían, y lo encarcelarían porque ésa no es la manera correcta para disciplinar a los hijos.

Un Verdadero Asesino de la Fe

Sin embargo, esto es lo que muchos Cristianos están diciendo. "Dios es el que me hizo tetrapléjico porque esto lo glorifica". Hay un famoso ministro tetrapléjico que le echa la culpa a Dios por su condición, pero la verdad es que esa persona saltó de una roca a una alberca de agua que tenía un letrero que decía: "Prohibido Nadar". A pesar de eso lo hizo, desobedeció, se rompió el cuello, y se convirtió en un tetrapléjico. Esta persona dice: "Dios me hizo esto para hacerme reaccionar".

Sin lugar a dudas Dios usó esta situación, porque esta persona se acercó a Él mientras estaba encamada por su tetraplejia y no tenía nada más que hacer sino escucharlo. Ahora esta persona alaba al Señor y atrae a muchas personas hacia Él. Pero Dios no la hizo tetrapléjica; eso es desvirtuarlo; el Señor no lo hizo.

Si todo lo que haces es enfatizar la gracia y decir: "Todo depende totalmente de Dios. No podemos cambiar Sus planes. La voluntad de Dios se manifiesta automáticamente. No tenemos nada que ver con eso", entonces en vez de que sea verdadera gracia bíblica, se convierte en una soberanía extrema de Dios. Pensar que Dios controla todo y que nada sucede sin Su autorización es una manera de matar la fe.

Si verdaderamente crees eso, entonces simplemente vete a vivir en pecado, porque a fin de cuentas no podrías hacer nada si no fuera la voluntad del Señor. Sé tan carnal como quieras, porque no podrías serlo si no fuera la voluntad del Señor. Eso desafía la lógica. Solamente una persona religiosa creería eso. No es verdad. Sin embargo, a eso lleva esa forma de pensar que enfatiza unos cuantos versículos que hablan sobre el hecho de que Dios es todopoderoso, y que Él conoce el fin desde el principio, y los exagera de una manera desequilibrada.

Capítulo 5

Dios No Es Tu Problema

Aunque es una doctrina muy importante en el cuerpo de Cristo, sólo hay dos lugares en Las Escrituras donde se menciona la predestinación: en Romanos 8:29-30 y Efesios 1:5, 11. Algunas personas creen que Dios ha predestinado todo.

Romanos 8:29 dice:

Porque a los que antes conoció, también los predestinó para que fuesen hechos conformes a la imagen de su Hijo, para que él sea el primogénito entre muchos hermanos.

La clave para comprender la predestinación es que Dios sólo predestinó a los que conoció con anterioridad. "Conocer con anterioridad" se refiere a la capacidad de Dios de conocer el futuro por adelantado. Solamente la gente que Él ya sabía que aceptaría a Jesucristo ha sido predestinada. Nadie ha sido predestinado a ser salvo o a perderse. Pero después de que eres vuelto a nacer, Dios ha predeterminado—predestinado—que tú seas conformado a la imagen de Su hijo. Si tú no cooperas en esta vida, entonces eso sucederá cuando Él venga.

Cuando veamos a Jesucristo…

Seremos semejantes a él, porque le veremos tal como él es.

1 Juan 3:2

Si tú cooperaras con el Señor, entonces podrías empezar a ser como Él aquí en esta vida. Tú puedes empezar a experimentar gozo, paz, victoria, unción, y poder. Si has sido vuelto a nacer, está predeterminado que terminarás siendo como Jesucristo. Si tú cooperas, puedes experimentarlo aquí en esta vida tanto como renueves tu mente. Si no cooperas, de todas maneras finalmente serás como Jesucristo porque serás como Jesucristo cuando Él venga. Estás predestinado a ser como Él. Eso es todo lo que eso significa.

Buenos Planes

Dios no predestinó a nadie a llevar una vida de desorden. Él no predeterminó a nadie a ser un fracasado.

> ***Porque yo sé los pensamientos que tengo acerca de vosotros, dice Jehová, pensamientos de paz, y no de mal, para daros el fin que esperáis.***
>
> Jeremías 29:11

Dios tiene buenos planes para ti. Él tiene un plan y un destino para cada persona. Tú no eres un accidente. No importa si tus padres no sabían que ibas a nacer, Dios lo sabía. Él tiene un plan para ti, y no planeó que alguien fuera un mediocre o un fracasado. Dios no planeó el dolor y las heridas del alma que has experimentado. Él no planeó la tragedia. Si tú tuviste una infancia terrible, no fue Dios el que hizo que eso sucediera. Eso sucede porque Dios le dio a la gente—a los individuos—la libertad de escoger y de ejercer el libre albedrío.

La gente ha tomado decisiones incorrectas, y en algunas ocasiones tú sufres por eso, pero Dios no determinó esto. Él no controla a la gente como piezas de ajedrez ni hace que todo suceda. Si tú has experimentado tragedias terribles en tu vida, Dios no las causó.

A mí me consuela mucho saber que Dios es un Dios bueno. Mi papá murió cuando yo tenía doce años, pero Dios no lo mató. Me han sucedido muchas cosas negativas en mi vida. Me han robado, han dicho mentiras sobre mí, me han secuestrado, me han boicoteado, me han escupido, y mucho más. Esas cosas me sucedieron, pero

Dios no las ordenó. Él no es el que causó mis problemas. El diablo intervino por lo menos parcialmente, y en la mitad de las veces o más yo cooperé de alguna manera. Me bendice saber que Dios no es mi problema.

Dios tampoco es tu problema. No todo depende de Él. La gracia es lo que Dios hace por ti independiente de ti, pero no se manifiesta en tu vida a menos que aprendas algunas cosas y que sepas cómo cooperar. Conforme continúes leyendo este libro pondré más de estas verdades en armonía, lo que te ayudará a comprender mejor cuál es la parte de Dios y cuál es la tuya; te ayudará a tener fe en lo que Dios ha hecho, en vez de fe en lo que tú has hecho. Te ayudará a comprender el poder y la autoridad que Dios te ha dado, y te dará algunas respuestas que verdaderamente harán una diferencia en tu vida.

Alcánzalo y Tómalo

En mi propia vida, si no hubiera arreglado estos asuntos, no habría visto tantas cosas manifestarse como he visto. Las cosas de Dios no se manifiestan automáticamente. Si no las buscas, no las obtendrás. Debes buscar las cosas de Dios.

Toma, por ejemplo, el bautismo del Espíritu Santo. Mucha gente me ha dicho: "Si Dios quiere que yo reciba el bautismo del Espíritu Santo y que hable en lenguas, estoy listo. Depende de Él. Si quiere dármelo, lo tendré". Así no sucede. No puedes decir: "Si Dios quiere que yo sea salvo, recibiré. Depende de Él". No, ¡Debes creer!

Un día, cuando yo era niño durante la escuela bíblica de verano, recuerdo que estaba sentado en la parte de atrás en el auditorio de la iglesia. El hombre que estaba al frente sacó algo de su cartera y anunció: "Le daré este billete de un dólar al primer niño que venga aquí y lo tome". Instantáneamente, había como veinte o treinta niños saltando de arriba abajo alrededor de él diciendo: "¡yo lo quiero, yo lo quiero!" Yo estaba pensando: "Ésta es la peor ocasión para estar sentado en la fila de atrás (normalmente mi familia se sentaba al frente). Sin embargo, ese hombre ignoró a esos niños, mantuvo su mano levantada, y repitió: "Le daré este billete de un dólar al primer niño que venga aquí y lo tome". Todos nos estábamos preguntando: "¿Qué quiere decir?" Todos esos niños al frente lo querían.

Como a la tercera vez que dijo: "Le daré este billete..." finalmente se me prendió el foco y supe qué quería decir. Salté de mi silla y corrí hacia el frente. Me abrí paso a empujones pasando por donde estaban los otros niños, agarré el brazo de este hombre, me trepé, y arrebaté el billete de su mano. Cuando lo hice, me vio y dijo: "Ahora bien, tú eres el primer niño que vino aquí y lo tomó". Viendo a los otros niños, dijo: "Todos ustedes lo querían, y el billete estaba disponible, sin embargo, tienen que alcanzarlo y tomarlo". Luego nos enseño que recibir la salvación es así.

Dios ya ha suministrado el perdón de los pecados para cada persona, pero éste no se manifiesta automáticamente. No es la gracia solamente lo que te salva. Tú debes creer. Tú tienes que alcanzarlo y tomarlo. Tienes que combatir los pensamientos que el diablo pone en tu mente cuando te dice: "Dios no podría amarte de esa manera. Eres muy impío", y así por el estilo. Tienes que pelear en contra de esas cosas y perseverar. Debes alargar tu mano y con fe declarar: "Creo lo que La Palabra de Dios dice" y tomarlo. No sucede automáticamente.

Es tu Decisión

Sucede lo mismo con todo lo demás en la vida Cristiana. Dios ya ha hecho la provisión, sin embargo, ¿te vas a quedar ahí diciendo: "Qué será, será. *Whatever will be, will be*" y echándole la culpa a Dios por el desorden en que se encuentra tu vida? O vas a reaccionar y a declarar: "El Señor ha provisto para mí algo mejor que esto.

Gloria a Dios, voy a descubrir cuál es mi parte, voy a hacer lo que Dios me ha dicho que haga, y voy a recibir su poder milagroso". Es tu decisión.

Capítulo 6

La Respuesta de Fe

Tanto la gracia como la fe deben combinarse para poder ver el poder de Dios disponible en tu vida. Por lo general el cuerpo de Cristo está dividido en dos grupos: los que solamente enfatizan la gracia y excluyen la fe y los que solamente enfatizan la fe y excluyen la gracia. Enfatizar cualquiera de las dos—la gracia o la fe—está mal si las tomas por separado.

Porque por gracia sois salvos por medio de la fe; y esto no de vosotros, pues es don de Dios.

Efesios 2:8

Es la combinación de la gracia y la fe lo que desata el poder de Dios. Tomar la gracia o la fe por separado y excluir la otra es en realidad desastroso, y eso te destruirá.

Mucha gente ha enfatizado que todo depende de Dios, hasta el punto de excluir la verdad de que tenemos un papel que desempeñar en lo que Él hace. Esta enseñanza extrema de la soberanía de Dios—en la que se culpa a Dios por todo lo que nos sucede—hoy por hoy es la peor doctrina en el cuerpo de Cristo. Hace pasiva a la gente. Si Dios está controlando todo, cuál es el objetivo de que lo busquemos, oremos, estudiemos La Palabra, o que hagamos cualquier otra cosa, ya que a fin de cuentas: "Qué será, será. *Whatever will be, will be.* Todo depende de Dios". Ahí es donde está atorada una gran parte del cuerpo de Cristo, y eso nos estorba para tomar nuestra autoridad.

Resiste al Diablo

Santiago 4:7 dice:

Someteos, pues, a Dios; resistid al diablo, y huirá de vosotros.

Debes reconocer que algunas cosas provienen de Dios y algunas cosas del diablo. Satanás no es el muchacho mensajero de Dios. Esta imagen mental de que el diablo está atado con una correa, y que Dios es el que determina qué tan lejos se puede ir, no es verdadera. Tú eres el que le permite a Satanás que venga.

> ***Vuestro adversario el diablo, como león rugiente, anda alrededor buscando a quien devorar.***
>
> 1 Pedro 5:8 (el énfasis es mío).

Él no puede devorar a cualquiera; y no te puede hacer cosas sin tu consentimiento y tu cooperación. Una de las cosas que le da rienda suelta al diablo en tu vida es la actitud que dice: "Bueno, no pudo haber sucedido si no hubiera sido la voluntad de Dios". Así que, en realidad no puedes pelear en contra de eso. Repito, Santiago 4:7 nos dice que "**resistamos al diablo**". Resistir significa "luchar alguien con la persona o cosa que le ataca". No puedes pelear enérgicamente en contra de algo si piensas que Dios lo ha ordenado y lo ha permitido. Él no es el que permite estas cosas.

La Incredulidad Limita a Dios

Considera la vez que los Israelitas salieron de la tierra de Egipto. Hay muchas, muchas ocasiones en las que el Señor dejó muy claro que Él quería que ellos entraran directamente a la tierra prometida y que recibieran las promesas que Él tenía para ellos. Pero por su desobediencia e incredulidad, se pasaron cuarenta años en el desierto. Ésa no era la voluntad de Dios ni Su plan para ellos.

Y volvían, y tentaban á Dios, Y ponían límite al Santo de Israel.
Salmo 78:41 (Reina Valera Antigua).

En sus corazones, regresaron a Egipto, provocaron a Dios, y limitaron al Santo de Israel. Reitero, mucha gente ni siquiera puede concebir esto. Piensan: "No hay nada que podamos hacer que limite a Dios". El Señor no nos está imponiendo Su voluntad ni individualmente ni colectivamente como nación o grupo de personas. Tú tienes que cooperar con Dios para ver que Su voluntad se manifieste en tu vida.

Deuteronomio 7:15-18 habla de cómo ellos habrían tenido una victoria absoluta. Nadie se les enfrentaría. El Señor pondría a todos sus enemigos a sus pies—una promesa de una victoria total. Luego el verso 17 dice:

Si dijeres en tu corazón: Estas naciones son mucho más numerosas que yo; ¿cómo las podré [Dios] *exterminar?*

Les acababa de prometer la victoria absoluta. "Nadie permanecerá de pie ante ti. Ganarás todas las batallas. Todo va a funcionar. Pero si dices esto en tu corazón y adoptas una actitud de incredulidad, '¿cómo podrás expulsar a estas naciones?'"

Dios no puede traer liberación a tu vida si tú te sometes a través de la incredulidad al temor y a la duda. Eso detiene el poder de Dios y evita que opere. Ésta es una verdad muy importante. Pero para aquellos que enfatizan la doctrina extrema de la soberanía de Dios—Él controla todo—lo que acabo de compartir es terrible. Me odian porque enseño esto. Le han puesto a mi ministerio la etiqueta de culto espurio y muchas otras porque predico que la voluntad de Dios no se manifiesta automáticamente. Tú tienes que optar por la voluntad de Dios. Personalmente, pienso que esto es obvio si eres un estudiante de La Palabra.

No ha Sido en Vano

Pablo dijo:

Porque yo soy el más pequeño de los apóstoles, que no soy digno de ser llamado apóstol, porque perseguí a la iglesia de Dios.

1 Corintios 15:9

Ésa es una declaración muy fuerte hecha por un hombre que escribió la mitad del Nuevo Testamento y que vio gente resucitar de entre los muertos. Él era un poderoso hombre de Dios, sin embargo, Él sabía que eso no se debía a lo que él era en su ser natural. Era por la gracia y la misericordia de Dios. Así que dijo: "Soy el más pequeño de los apóstoles, por las cosas que hice ni siquiera soy digno de ser llamado apóstol". Pero el verso 10 dice:

Pero por la gracia de Dios soy lo que soy.

Él le dio todo el crédito a Dios y dijo: "Es la gracia, el favor inmerecido y la capacidad de Dios, que me fue dada, lo que me hizo ser quien soy". Luego continuó diciendo:

Y su gracia no ha sido en vano para conmigo.

1 Corintios 15:10

En Gálatas 2:16, Pablo dijo que si estás tratando de ser justificado por las obras de la ley, entonces Cristo no te aprovecha para nada. Tu fe es vana y anula la gracia de Dios.

La gracia es lo que Dios hace por nosotros, independientemente de nosotros. No tiene nada que ver con nuestro comportamiento. Por gracia, Dios ya ha provisto el perdón de los pecados, la sanidad, la liberación, el gozo, y la paz. Todo lo que Dios es y tiene ya se ha realizado por gracia. Pero la gracia por sí misma no nos transforma, a menos que haya una respuesta de fe de nuestra parte. Esto es lo que el apóstol Pablo estaba diciendo.

He Trabajado Más

Su gracia no ha sido en vano para conmigo, antes he trabajado más que todos ellos; pero no yo, sino la gracia de Dios conmigo.

1 Corintios 15:10

Este versículo sirve como un gran ejemplo de la gracia y la fe operando juntas. Dios por Su gracia, le hizo un llamamiento a Pablo. Él estaba en camino para ir a asesinar a los Cristianos en Damasco. Sin embargo, Dios se le apareció en medio de un resplandor de luz deslumbrante, y le dio una oportunidad para responder. Ésa era gracia. Pablo no se merecía eso. Cuando el Señor le habló, Le dijo:

Yo soy Jesús, a quien tú persigues; dura cosa te es dar coces contra el aguijón.

Hechos 9:5

El Señor ya había estado tratando de convencerlo de su error y compungiendo su corazón. Hay varios versículos donde las gentes se compungieron de corazón (por ejemplo, Hch. 2:37). Esto está hablando de la contrición que da el Espíritu Santo.

Dios había estado convenciendo de su error al apóstol Pablo desde que éste vio que Esteban fue apedreado hasta morir. Saulo, quien se convirtió en Pablo, era aquel a cuyos pies todos los testigos pusieron sus ropas. Él cuidó de sus ropas mientras los veía apedrear a Esteban hasta la muerte (Hch. 7:58). Saulo vio que cuando Esteban estaba muriendo, se arrodilló y oró:

Señor, no les tomes en cuenta este pecado.

Hechos 7:60

Esteban vio los cielos abrirse y que Jesucristo estaba parado a la diestra del Padre (Hch. 7:55-56). Saulo escuchó a Esteban dar testimonio de esto unos momentos antes de que muriera, y Dios había estado compungiendo el corazón de Saulo desde aquel entonces. El Señor ofreció gracia para el hombre que estaba matando a Su propia gente. ¡Ésa es la gracia de Dios!

Una Batalla Espiritual

Sin embargo, si él no hubiera respondido y trabajado más que todos ellos, entonces posiblemente habríamos leído el reporte de cómo se convirtió Saulo, pero él no se habría convertido en Pablo. Él no habría sido el apóstol que escribió la mitad del Nuevo Testamento y que hizo todos esos milagros maravillosos. Se requiere una respuesta de nuestra parte para que la gracia y lo que Dios ha suministrado gratuitamente para nosotros pueda funcionar en nuestra vida.

¡Estamos en una batalla! Me sorprende ver cuánta gente no comprende esto. Están buscando razones físicas y naturales para explicar cómo suceden las cosas. Pero, estamos en una batalla espiritual, y Satanás está haciendo todo lo que puede para detenerte. Tú observas las cosas y solamente ves en el ámbito natural, preguntándote: ¿Por qué sucede esto? Ésa es la razón por la que la gente se desespera cuando ve que el proceso político va en una dirección opuesta a lo que quieren. Es porque ahí es donde está su esperanza y su fe en vez de que estén en Dios. Están poniendo su confianza en cosas físicas y naturales para su salvación. Pero hay una batalla espiritual desarrollándose.

Cuando tú cooperas con Dios y lo buscas con todo tu corazón, suceden cosas buenas. Cuando no buscas a Dios, y estás operando en el ámbito físico, suceden cosas malas porque Satanás anda alrededor buscando a quien devorar.

Tu consentimiento y cooperación son necesarios para que el diablo pueda hacer algo en tu vida. No hay mucha gente que crea eso, pero es verdad.

No estamos peleando contra sangre y carne. No es una batalla física; es una batalla espiritual. Hay dinámicas espirituales desarrollándose, y tú tienes que cooperar. Tú debes resistir—pelear en contra de la incredulidad, el desánimo, y el negativismo de este mundo—para que puedas ver que lo que Dios quiere hacer en tu vida se manifiesta.

Dios tiene un plan perfecto para cada uno de nosotros. Él no ha creado a ninguno de nosotros para la derrota o el fracaso. Él tiene un plan perfecto para todos, pero sólo algunas personas verán que éste se manifiesta en sus vidas. No es porque Dios haya creado a algunos de nosotros para que seamos unos inadaptados. No es porque Él quiera que algunos de nosotros seamos unos fracasados. No es porque sólo haya unos cuantos a los que Dios verdaderamente ame. No, la gracia de Dios es la misma para todas las personas. Pero no todos trabajan con tesón para ver cuál es el propósito y el plan de Dios para sus vidas.

¡Hazlo!

A algunas personas el Señor les ha dado una instrucción, sin embargo, aquí están después de uno, dos, o tres años y aun no han hecho lo que Dios les dijo que hicieran. Simplemente no puedo comprender eso. Ni siquiera quiero comprenderlo. Ni siquiera quiero poder comprender cómo la gente puede vivir de esa manera. Si Dios me dice que haga algo, ¡lo haré aunque todos los diablos del infierno se pongan furiosos! Lo voy a hacer.

En una ocasión le ofrecimos un trabajo de administrador de nuestra escuela nocturna a uno de nuestros graduados. En esa época, ese puesto era de 20 horas por semana, y este graduado estaba acostumbrado a ganar mucho dinero. Tiene una familia grande—cinco hijos—si él aceptaba el puesto eso iba a significar una gran reducción en su ingreso. Un día, mientras él estaba en mi casa haciendo algunas cosas, dijo: "Verdaderamente creo que esto es lo que Dios quiere que yo haga, pero tengo una familia de la que soy responsable. Esto es apenas la mitad del sueldo que tenía. ¿Qué hago?" Me estaba haciendo toda clase de preguntas. Simplemente le dije: "Estaba de acuerdo contigo hasta donde me dijiste que sientes que esto es lo que Dios quiere que hagas. Si verdaderamente crees que esto es lo que Dios quiere que hagas, entonces simplemente hazlo".

"Bueno, sí ¿pero…?"

Contesté: "No me importa nada más. Si tienes que deshacerte de algunas cosas, conseguir una casa más pequeña, vender tu casa, cambiarte a un departamento, vender tus carros—haz lo que sea necesario para que hagas lo que Dios te pidió".

Esta persona decidió aceptar el puesto, pero transcurrieron cuatro o cinco meses antes de que el puesto estuviera verdaderamente disponible. Durante esa época en nuestra escuela bíblica tuvimos muchos cambios de personal, y le ofrecimos un mejor puesto que pagaba casi el mismo salario que el del empleo que estaba dejando. ¡No perdió nada! Pero si no hubiera aceptado el empleo de 20 horas, probablemente no lo habríamos contratado para el puesto que tenía mejor salario y que era de tiempo completo.

Algunas gentes escuchan la voz de Dios, pero luego argumentan, diciendo: "Pero Dios, ¿qué voy a hacer con tal cosa?" ¿A quién le importa algo más? Esto no es un ensayo con vestuario. No estamos practicando solamente. Esto es real. Si Dios te habla y te dice algo, deberías dejar todo lo demás y hacer lo que Él te diga. Si el Señor lo dijo, así es. Dios tiene un plan para tu vida que es superior a cualquier cosa que tú pudieras planear por tu propia cuenta. Debes seguirlo a Él.

Qué privilegio es escuchar la voz de Dios. Qué honor es que Dios todo poderoso te hable. Cuando lo hace, simplemente deja todo lo demás y haz lo que te pida.

Prioridades Trastocadas

En una ocasión una mujer le dijo al director de nuestra escuela: "Sé que Dios me ha pedido que venga a Colorado Springs y que asista a *Charis Bible College*, pero tengo dos perros. ¿Qué hago?"

Él contestó: "Hasta donde yo sé, sí permiten perros en Colorado. Tráelos contigo".

Yo le dije: "Mátalos". Ahora bien, yo amo a los perros, yo mismo he tenido perros. Pero si un perro me estorbara para hacer lo que Dios me pidió que hiciera, me desharía de ese perro o se lo daría a otra familia. Haría lo que fuera necesario. ¿Por qué permitirías que dos perros—o cualquiera que fuera tu excusa—te impidieran obedecer a Dios?

Dios tiene un plan para ti. Él ofrece la gracia, pero esto requiere un esfuerzo de tu parte. Tú tienes que tomar algunas decisiones. Tú tienes que hacer lo que sea necesario para seguir a Dios, equilibrando la gracia y la fe. Dios por la gracia, nos da dones, talentos, y capacidades que son totalmente independientes de cualquier cosa que merezcamos. Solamente es Su gracia. Es cierto que algunas cosas son la parte que le toca a Dios. Él actúa a través de la gracia. Pero luego debe haber una respuesta de fe de nuestra parte. Tú debes combinarlas correctamente para poder ver que el poder de Dios opera en tu vida. Si tú te adelantas a Dios y empiezas a tomar tus propias decisiones, tratando de forzarlo a hacer cosas, eso tampoco funcionará. Tienes que descubrir lo que Dios ha hecho por gracia—lo que Él ha provisto, cuál es Su voluntad. Luego tiene que haber una respuesta adecuada de tu parte, que la Biblia llama fe.

Capítulo 7

Haciendo que Dios Actúe

La fe es simplemente nuestra respuesta positiva a lo que Dios ya ha hecho por Su gracia. Eso es importante.

La fe no es algo que tú haces para que Dios te responda. Ésta es una grave idea equivocada muy popular en el cuerpo de Cristo entre los que enfatizan la fe.

Frecuentemente toman versículos como Marcos 11:23, y enfatizan sólo lo que tú tienes que hacer. Algunos hasta han salido con la conclusión de que: "Estoy obligando a Dios. Estoy haciendo que Dios actúe". De esa manera llegamos a inventar declaraciones como: "La Fe hace que Dios Actúe". Dios no es el que está atorado. Él no es el que necesita actuar. Dios actuó antes de que tuvieras un problema. Él actuó a través de Jesucristo. Toda persona que alguna vez será sanada, ya fue sanada hace dos mil años a través de Jesucristo. Toda persona que alguna vez recibirá salvación ya fue perdonada a través de Jesucristo. Toda persona que será bendecida, que tendrá gozo, paz, o lo que sea, ya ha recibido ese bien hace dos mil años a través de Jesucristo. Tú no necesitas que Dios actúe. Tú no necesitas que venga y te toque o te sane. Dios ya ha provisto todo. No puedes obligarlo a que haga nada. Si tu actitud es ésta: "Voy a hacer que Dios me sane. Voy a hacer que el poder de Dios fluya", eso es la arrogancia al máximo. Causará frustración en tu vida si tratas de torcerle el brazo a Dios para obligarlo a que haga algo. Eso no es para nada congruente con La Palabra.

La Fe es Tu Respuesta

La fe no hace que Dios actúe. Él ya actuó por gracia. La fe solamente es tu respuesta positiva a lo que crees que Dios ya ha suministrado. La fe sólo se apropia de lo que Dios ya ha suministrado por gracia. Si Dios no lo ha suministrado por gracia, entonces tu fe no puede hacer que suceda.

> ***Porque de cierto os digo que cualquiera que dijere a este monte: Quítate y échate en el mar, y no dudare en su corazón, sino creyere que será hecho lo que dice, lo que diga le será hecho. Por tanto, os digo que todo lo que pidiereis orando, creed que lo recibiréis, y os vendrá.***
>
> Marcos 11: 23,24

Este pasaje ha sido enseñado principalmente por gente que enfatiza la fe. Dicen: "Tenemos poder y autoridad, y hay ciertas cosas que tenemos que hacer para ver que lo que Dios quiere para nosotros se manifieste". Eso es verdad, pero se puede llevar a un extremo equivocado—hasta llegar a decir que literalmente puedes "hacer" que Dios haga cualquier cosa. "¡Cualquier cosa que quieras, solamente tienes que decirla! Cree que recibes, y Dios tiene que hacerlo". Escucharás a algunas personas que describen las cosas con esa clase de terminología: "Vamos a agarrar a Dios y no lo vamos a soltar hasta que hagamos que el poder de Dios fluya".

En cierto sentido, ahora mismo eso es lo que está sucediendo en el cuerpo de Cristo en relación a la oración y la intercesión para el avivamiento. Creen que Dios está por ahí con los brazos cruzados, pensando: "¡Son ustedes un montón de hipócritas!" Dicen: "Dios no está actuando ni derramando a Su Espíritu sobre la gente para que sean salvados, sanados, y liberados, porque está enojado con nosotros. Por lo tanto, lo que debemos hacer es motivar a la gente para que oren y se arrepientan. Pero él no va a escuchar solamente a uno o dos de nosotros. Debemos reunir a cientos de miles, y hasta millones de personas. Tenemos que presionar a Dios y no soltarlo. ¡Unámonos a una cadena de oración para orar las veinticuatro horas del día hasta que literalmente cansemos a Dios y lo obliguemos a que desate Su poder y que envíe el avivamiento!" A lo mejor no están usando esa terminología, pero ésa es la misma actitud que prevalece en el cuerpo de Cristo—que estamos haciendo que Dios actúe y que derrame Su poder. ¡Eso es un insulto para Dios! Esa actitud está diciendo que ellos aman más a la gente que Dios.

Sé un Conducto

Cuando era más joven, hice todas estas cosas, en contra de las cuales predico ahora. Yo mismo las he hecho, así que no estoy en contra de la gente que está haciendo lo que estoy refutando. Pero desde entonces, mi comprensión de La Palabra ha crecido y madurado. Recuerdo que acostumbraba organizar vigilias de oración que, por cierto, nunca duraban más allá de la una o dos de la mañana. Esto fue antes de que hablara en lenguas. ¡Tú puedes orar por todo el mundo en treinta minutos, si no sabes cómo orar en lenguas!

En una ocasión, recuerdo que estaba orando tan apasionadamente que literalmente estaba gritando, dando alaridos, y golpeando la pared con mi puño. Dije: "¡Dios, si tu amor por la gente de Arlington Texas, fuera la mitad del mío, tendríamos avivamiento!" Tan pronto como esto salía de mi boca, supe que algo estaba terriblemente mal en mi teología. Estaba tratando de hacer que Dios tuviera tanta compasión como yo, que es exactamente lo que la gente trata de hacer con la oración. Dicen: "¡Dios mío, ¿no te preocupas por nuestro país? Oh Dios, ¿por qué estás derramando tu Espíritu allá en África? ¿Por qué no vemos muchos milagros? Dios, por favor actúa aquí!" Es como si dijeran: "Dios, ¿no amas a estas personas tanto como nosotros?" Algo está verdaderamente mal en esa clase de oración.

Cuando intercedes por alguien, sea tu cónyuge o tus hijos, ¿oras así: "Ay Dios mío, los amo tanto que no puedo vivir si no son salvos"? ¿Piensas honestamente que tú los amas más que el Señor? ¿Por qué abordas al Señor de esa manera? Es porque no crees que Dios ya haya hecho Su parte. Tú crees que Él está esperando que alguien actúe y ore, y luego Él responde a su oración. Eso está mal; pero, es la manera como la mayoría de la gente piensa hoy en día. Ése eres tú asumiendo demasiada responsabilidad, y pensando que puedes hacer que Dios actúe.

Hace poco en una reunión, una mujer se me acercó diciendo: "Sé que el Señor escucha tus oraciones. ¿Podrías orar para que Dios actúe y que salve a mi esposo?"

Contesté: "¿Qué quieres que pida en oración? ¿Cómo puedo motivar más a Dios de lo que ya está? Ya envió a Su Hijo para que muriera por él. Tú estás deduciendo que Dios no está tan motivado como yo". Le dije a esta mujer: "Estás manejando mal este asunto. En vez de acercarte a Dios como si fuera un adversario, tratando de obligarlo a que haga algo, deberías empezar a alabar a Dios porque Él ama a tu esposo más que tú. Deberías empezar a alabar a Dios por las grandes cosas que ha hecho, y sólo ser un canal a través del cual Su amor fluya hacia tu cónyuge".

Todo lo que Pidiereis

Muchas personas yerran cuando tratan de obligar a Dios a que haga algo. Toman versículos como Marcos 11:24, y dicen: "Confieso con mi boca y creo con mi corazón que puedo robar un banco y escaparme con un millón de dólares sin que me atrapen". ¿No dice Marcos 11:24 "todo lo que pidiereis"? ¿No es robar un banco parte de ese "todo lo que pidiereis"? Por supuesto que la mayoría de la gente no cree que puedas usar Las Escrituras para tener éxito al robar un banco, pero debes comprender por qué no debes creerlo. ¿Por qué no puedes usar Marcos 11:24 para robar un banco?

Una mujer fundó un Instituto Bíblico en Arlington, Texas, que enfatizaba la fe. Su deseo era ser la esposa de Kenneth Copeland. Así que se puso un vestido de novia e hizo una ceremonia nupcial en la que se "casó" con Kenneth Copeland "en el espíritu". Por supuesto que él no estaba físicamente ahí. Sin embargo, ella se basó en Marcos 11:24 y se "casó" con él en el "espíritu". Ella deseaba que Kenneth Copeland fuera su esposo, así que lo declaró y "usó" esta cita bíblica con "fe" para obtenerlo.

Sin embargo, Keeneth ya estaba casado con Gloria Copeland. Esta mujer de Arlington pensaba que Gloria era su montaña, así que la maldijo y le ordenó que se muriera y que se saliera de su camino. Ella prosiguió y se "casó" con Kenneth Copeland "en el espíritu", y solamente estaba esperando a que Gloria se muriera para que ella pudiera consumar el matrimonio con Kenneth. Eso fue hace más de treinta años. Todavía no ha sucedido, y no va a suceder.

La mayoría de la gente diría: "Yo no creo que alguien pueda hacer eso". ¿Por qué no? La Biblia claramente dice todo lo que pidiereis. ¿No se incluye desear a otra persona en ese "todo lo que pidiereis"? ¿No es ése un deseo? La Palabra dice que todo lo que pidiereis cuando ores, si crees que lo recibirás, lo tendrás. Es una promesa. ¿Por qué no puedes pedir a otra persona? ¿Por qué no puedes maldecir a su cónyuge y ordenarle que se muera? La respuesta a esto se encuentra en el equilibrio entre la gracia y la fe.

La fe sólo se apropia de lo que Dios ya ha provisto por gracia. Si Dios no lo ha provisto, tu fe no puede hacer que Dios haga algo. La razón por la que no puedes robar un banco usando Marcos 11:24 es porque Dios no proveyó el robo para ti en Su expiación. La gracia no lo ha provisto. La razón por la que no puedes maldecir a otra persona y ordenarle que muera, y luego casarte con su cónyuge, es porque Dios no proveyó el asesinato ni el adulterio en Su expiación. Marcos 11:24 no hace que Dios haga algo. Ese versículo está hablando de descubrir lo que Él ya ha suministrado. Luego, si tú crees, la fe tomará, y se apropiará de, lo que Dios ya ha suministrado por gracia. Si simplemente puedes comprender eso, revolucionará tu relación con Dios.

Una Actitud Totalmente Diferente

Mucha gente está tratando de hacer que Dios haga algo. Están batallando para recibir diciendo: "Estoy tratando de creerle a Dios, de creerle que Él hará esto". Una vez que comprendes lo que es el equilibrio entre la gracia y la fe, eso elimina la dificultad para recibir de Dios. ¿Cómo puedes dudar que Dios hará lo que Él ya hizo? Si es gracia, entonces ya está hecho. Jesucristo ya murió por los pecados de todo el mundo. Él ya murió por el perdón de nuestros pecados, la sanidad de nuestros cuerpos, y la liberación de todas estas cosas. Ya está hecho. Si Jesucristo ya murió por ti, y ya está hecho—"**por cuya herida fuisteis** [tiempo pasado] **sanados** (1 P. 2:24, los corchetes son míos)"—¿cómo podrías dudar que Él hará lo que ya hizo? Eso elimina la dificultad del asunto.

Mucha gente va a un servicio religioso diciendo: "Oh Dios, estoy creyendo que me vas a sanar. Sé que vas a sanar a alguien, y estoy creyendo que me vas a sanar a mí. Tengo fe en Ti para que me sanes". Hay un elemento de duda en eso. Hay incertidumbre y ansiedad. Si todavía no ha sucedido, entonces existe la posibilidad de que no sucederá.

Pero cuando tú vienes a un servicio religioso diciendo: "Padre, gracias que ya he sido sanado. Ya está hecho. Sé que esta sanidad me pertenece, y aleluya, estoy recibiendo". Hay una actitud totalmente diferente entre la persona que está dependiendo de, y confiando en, lo que Dios ya ha hecho, y la persona que está tratando de hacer que Dios haga algo.

Realmente, la audacia que muestra la gente al pensar que podemos hacer que Dios haga cosas, es algo que desafía la lógica. Sin embargo, esencialmente aquí es donde está la religión. La religión está tratando de obligar a Dios; y como no creemos que Él hará algo por una, dos, o diez personas, nos damos a la tarea de juntar a cien millones de personas. "Si pudiéramos tener a tantas personas orando exactamente al mismo tiempo, eso presionaría a Dios y haría que Él actuara". ¡Eso no tiene sentido! Eso no es lo que estas citas bíblicas están enseñando.

Deja de Intentar, y Empieza a confiar

Necesitamos comprender que Dios, por gracia, ya ha hecho todo. Y si Él ya lo hizo, entonces, todo se reduce a confiar en lo que Él ya ha hecho. Sólo se trata de estirar la mano por fe para recibirlo. Cuando te das cuenta que por las llagas de Jesucristo ya eres sano, entonces es fácil decir: "Si ya soy sano, entonces eso significa que en el ámbito espiritual ya tengo este poder en mi interior. En vez de batallar, Señor, sólo voy a descansar en lo que ya has hecho. Es un trato cerrado".

Necesitas dejar de tratar de recibir sanidad y debes empezar a confiar que ya has sido sanado. Hay una diferencia enorme entre estas dos actitudes.

Cuando Jamie y yo empezábamos en el ministerio, éramos tan pobres que tuvimos que rentar un departamento tan pequeño que cuando el sol entraba nos teníamos que salir. Éramos muy pobres, y era mi culpa. Algunas veces, Jamie y yo nos pasábamos semanas enteras sin comer.

La Biblia que estaba usando para pastorear mi primera iglesia era la que me había llevado conmigo cuando fui soldado en Vietnam. ¡Estaba destruida por el moho! Había escrito notas por todos lados, y había pegado casi todas las páginas para que no se deshiciera. Libros enteros—no sólo capítulos, sino libros—de la Biblia, habían desaparecido, se habían desprendido. Así que cuando predicaba, abría mi Biblia y decía: "Veamos el versículo…" y no estaba ahí. Entonces tenía que recitarlo de memoria. Ésa es una razón por la que puedo citar tantas Escrituras. Tenía que fingir porque ni siquiera tenía una Biblia completa.

Finalmente, decidí que simplemente tenía que creerle a Dios y debería empezar a ver algunas de estas verdades funcionando en algún área de mi vida. Así que puse un hasta aquí y declaré: "¡No más! Voy a creer que Dios me dará una Biblia nueva". A lo mejor te cuesta trabajo comprender esto, pero honestamente, me tomó seis meses creer que podría obtener los veinte dólares extras para poder comprar la Biblia. Tú podrías pensar: "Bueno, ésas simplemente eran tus preferencias. Seguramente estabas usando el dinero para otras cosas". Cuando Jamie y yo estábamos recién casados, en los primeros doce meses de nuestro matrimonio, todo nuestro ingreso fue $1,253 dólares. Y teníamos una renta de $100 dólares por mes, más el costo de los servicios públicos. ¡No me explico cómo salimos adelante! Nuestro ingreso en el segundo año aumentó a $2,500 dólares anuales. Así que durante veinticuatro meses tuvimos un total de $3,753 dólares, y estábamos batallando. Cuando digo que me tomó seis meses creer que podría obtener veinte dólares extras para comprar una Biblia, quiero decir que le estaba asignando una prioridad muy importante.

Ya Lo Tienes

Durante ese período de tiempo, luché con afán. Satanás me decía: "¡Nunca lo obtendrás. Nunca funcionará!" Desde mi punto de vista, yo sentía que nuestro ministerio iba a tener éxito o a fracasar dependiendo de si podría o no creer que Dios me ayudaría a obtener los veinte dólares extras para comprar una Biblia. Después de seis meses, finalmente tuve suficiente dinero para comprarla. Le grabé mi nombre. Cuando salí caminando de esa librería con esa Biblia bajo el brazo, instantáneamente dejé de dudar que la obtendría.

Con anterioridad, no pasaban ni diez minutos durante las horas que estaba despierto, en los que no tuviera algo de temor, ansiedad, o algún pensamiento de incredulidad que me decía: "No va a funcionar. No puedes obtenerla. ¡Vaya con la clase de hombre de Dios que eres! ¡Ni siquiera puedes tener fe para obtener una Biblia!" Tuve que lidiar con esos pensamientos constantemente. Pero tan pronto como la tuve, dejé de dudar que la obtendría. Probablemente estás pensando: "¡Por supuesto! ¿Por qué dudarías que la obtendrías si ya la tenías?" Precisamente a eso me refiero.

Estás ahí sentado diciendo: "Soy sano", y luego piensas así: "Me voy a morir. No sé si algún día mejoraré. Me pregunto cómo será mi funeral". Luego te das cuenta de lo que estás pensando y dices: "No, en el nombre de Jesús". La razón por la que estás experimentando eso y estás lidiando con todos esos pensamientos es porque estás pensando que Dios responderá a tu fe y te sanará. Cómo quisiera que pudieras comprender que Dios te sanó antes de que alguna vez te enfermaras, antes de que nacieras, antes de que tuvieras algún problema—Dios ya te ha sanado. De acuerdo a Efesios 1:19-23, el mismo poder que resucitó a Jesucristo de entre los muertos, ya reside en ti. Tú tienes a tu disposición poder para resucitar a los muertos. Jesucristo te dio autoridad para usarla y hablarle a tu montaña y ordenarle que se quite. Cuando comprendes que Dios ya lo hizo, ¿cómo podrías dudar que Él hará lo que ya hizo?

Si estás batallando y estás diciendo: "Bueno, estoy tratando de creer, pero simplemente no sé si voy a sanar ni cuándo sucederá", es porque no comprendes que la fe simplemente se apropia de lo que Dios ya ha provisto. Todavía estás pensando que Dios te va a responder a ti—que cuando hagas todo correctamente, como controlar tu lengua y confesar La Palabra un determinado número de veces, sólo entonces Dios liberará Su poder. Todavía piensas que Dios está reaccionando a tu fe. No, tu fe es la reacción a la gracia de Dios. Si alguna vez confundes esas cosas, te sentirás frustrado.

Capítulo 8

Ya ha Sido Provisto

Yo tomé parte en el "movimiento de la fe", por lo tanto no estoy en contra de este. A través de esa enseñanza, recibí la revelación de muchas verdades, y hoy por hoy todavía soy una "persona de fe". Sin embargo, muchas personas no comprendían que la fe se apropia solamente lo que Dios ya ha provisto. Hicieron de la fe un sistema de obras—algo que ellos hacían tratando de obligar a Dios a actuar—y se frustraron. Hicieron todo lo que sabían. Presionaron todos los botones, pero Dios no salió. Sienten que el Señor les falló porque hicieron todas estas cosas y Dios no respondió como les habían dicho que les respondería. Todo este problema se elimina cuando comprendes que la fe se apropia solamente lo que Dios ya ha provisto.

Tú no estás tratando de hacer que Dios haga algo. El problema no es que Dios dé. Todo se reduce a que tú aprendas cómo debes recibir. Cuando lo comprendes, eso hace la vida Cristiana muy fácil. La razón para estudiar la Biblia no es para que puedas ganarte una estrellita que puedas canjear por una respuesta a tus oraciones. Eso no te va a ganar el favor de Dios. Tú estudias La Palabra para que puedas aprender lo que Él ya ha hecho, lo que Dios ya ha provisto. Mientras aprendes sobre tu gran salvación, la fe surge en tu interior y entonces empiezas a creerle a Dios. Esto es mucho mejor. Esto te dará paz en tu relación con Dios.

Inclusive cuando actúes así, probablemente habrá algunas cosas, que tú crees que Dios ha provisto por la gracia, que no estás viendo que se manifiesten en tu vida. Cuando eso suceda, simplemente continúa renovando tu mente con La Palabra de Dios. La Palabra de Dios sí funciona, pero es un proceso.

Algunas personas se acercan a mí y me dicen: "Estoy enojado con Dios porque falló y no hizo esto". Ni siquiera puedo comprender eso. Dios nunca ha dejado de hacer algo. Si alguien dejó de hacer lo que debía, ése fui yo; fui yo quien dejó de comprender, de tomar posesión, y de recibir. Tenía actitudes equivocadas que estorbaban lo que Dios quería hacer; pero el Señor no es el que alguna vez me ha fallado. No cabe duda, yo le he fallado a Dios; pero Él nunca me ha fallado a mí.

Allá por mi época de pobreza de la que hablé en el capítulo anterior, no fue Dios el que dejó de suministrar para satisfacer nuestras necesidades. Fui yo el que no comprendió lo que La Palabra dice sobre cómo recibir la provisión para satisfacer mis necesidades. Tenía la impresión de que habría pecado contra Dios si trabajaba en algo que no estuviera relacionado con el ministerio. Tenía un llamado al ministerio y pensaba que tenía que obtener todo mi ingreso del ministerio, pero finalmente aprendí lo correcto. Estaba bloqueando la provisión de Dios—que quería desesperadamente—por mi error de no trabajar.

Cuando comprendes que Dios por gracia ya ha hecho todo, eso destruirá esta actitud equivocada. Él ya ha provisto todo lo que alguna vez necesitarás. Si tú comprendes estas verdades, transformarán tu vida. Dios ya ha hecho Su parte. No estamos tratando de obligarlo a que haga algo. No tienes que acosar a Dios ni tienes que suplicarle.

No es una comparación

Mucha gente ha malinterpretado lo que Jesucristo estaba comunicando en Lucas 11. Después de que enseñó sobre lo que popularmente se conoce como "El Padre Nuestro", relató una parábola, diciendo:

> ***¿Quién de vosotros que tenga un amigo, va a él a medianoche y le dice: Amigo, préstame tres panes, porque***

un amigo mío ha venido a mí de viaje, y no tengo qué ponerle delante; y aquél, respondiendo desde adentro, le dice: No me molestes; la puerta ya está cerrada, y mis niños están conmigo en cama; no puedo levantarme, y dártelos? Os digo, que aunque no se levante a dárselos por ser su amigo, sin embargo por su importunidad se levantará y le dará todo lo que necesite.

Lucas 11:5-8

Esta parábola a menudo se enseña como si dijera: "Dios es como este amigo. Cuando vienes pidiendo lo que necesitas, Él es propenso a responder el equivalente de: '¡Estoy en la cama. Mis niños ya están en la cama. Ya estoy dormido. No me molestes!' Así que tienes que continuar pidiéndole, asediándolo, sin dejarlo en paz. Tienes que acosar a Dios, y obligarlo a que se levante y te dé lo que quieres nada más para deshacerse de ti". Eso no es lo que este pasaje de Las Escrituras está enseñando.

Es un contraste, no una comparación.

Con anterioridad he usado los contrastes muchas veces. Recuerdo a un hombre al que le estaba ministrando que acababa de recibir el bautismo en el Espíritu Santo. Estaba encamado por una enfermedad terminal, y no estaba seguro que Dios quisiera sanarlo. Aunque compartí La Palabra de Dios con Él por mucho tiempo, aun así no estaba persuadido. Mientras estaba batallando para convencer a este hombre de la verdad, le eché un vistazo a su esposa que estaba de rodillas al lado de la cama y pregunté: "¿Piensas que tu esposa querría que sufrieras todo este dolor que estás padeciendo, para que luego te murieras?"

¿Amigo?

Él contestó: "Oh, no. Mi esposa me ama muchísimo. Si hubiera algo que ella pudiera hacer para sanarme, lo haría".

"Probablemente has tenido discusiones y pleitos con tu esposa en diferentes ocasiones".

"Sí, pero nada de lo que yo pudiera hacer la llevaría a desear que yo pasara por todo este sufrimiento y dolor y que me muriera".

Luego dije: "¡Y tú piensas que tu esposa—un ser humano imperfecto—te ama más que Dios todopoderoso!"

Eso lo desarmó por completo.

Dios es amor.

1 Juan 4:8

Dios—que es perfecto—te ama infinitamente más que cualquier ser humano imperfecto. Ése es el punto que Jesucristo estaba tratando de explicar. Él preguntó: "¿Cuántos de ustedes tienen un amigo…?" No se estaba refiriendo a un simple conocido—alguien a quien tratas poco—sino a alguien a quien consideras tu amigo. Si tuvieras una necesidad a la medianoche, y le hablaras por teléfono a un amigo, y le dijeras: "Mi carro se descompuso. ¿Podrías ayudarme?" Si tu amigo dijera: "Estoy acostado. Mis niños están dormidos. ¿A quién le importa lo que te suceda? ¡Háblale a otra persona!" Tendrías que reconocer que alguien así no es un amigo.

Lo Opuesto

Jesucristo estaba diciendo: "¿Conoces a alguien, a quien consideres tu amigo, que te trataría con tanta rudeza?" ¡Por supuesto que no! Un amigo no te trataría de esa manera. Entonces, ¿por qué supones que Dios es así? ¿Por qué piensas que tienes que acosarlo?"

Este pasaje en realidad está enseñando lo opuesto a la manera tradicional como se ha interpretado. Está diciendo que si esperas tanta misericordia y amabilidad de un ser humano, entonces, ¿cuánto más deberías esperar que Dios conteste tu oración sin que tengas que molestarlo? Está haciendo un contraste, y el contexto lo comprueba. Jesucristo continuó:

Y yo os digo.

En otras palabras, inclusive en esta parábola no puedes imaginarte a un amigo que actúe de esta manera. Pero aquí está lo que…

> ***Os digo: Pedid, y se os dará; buscad, y hallaréis; llamad, y se os abrirá. Porque todo aquel que pide, recibe; y el que busca, halla; y al que llama, se le abrirá. ¿Qué padre de vosotros, si su hijo le pide pan, le dará una piedra? ¿o si pescado, en lugar de pescado, le dará una serpiente? ¿O si le pide un huevo, le dará un escorpión? Pues si vosotros, siendo malos, sabéis dar buenas dádivas a vuestros hijos, ¿cuánto más vuestro Padre celestial dará el Espíritu Santo a los que se lo pidan?***
>
> Lucas 11:9-13

En este contexto, ¿ves lo que Él está tratando de hacer? Jesucristo le preguntó a la gente: "¿Cuántos de ustedes tratarían a sus hijos tan mal que si les pidieran un pedazo de pan les darían una piedra? ¿Si les pidieran un huevo, les darían un escorpión? ¿Cuántos de ustedes tratarían a sus hijos de esa manera?" ¡Esperemos que nadie! Si lo hicieras, aquí en los Estados Unidos de América hay agencias que te enjuiciarían. Está mal tratar a los niños de esa manera. Ahora bien, si nosotros que somos corruptos, pecadores, y que hacemos las cosas para nuestro placer y beneficio propios podemos actuar mejor, ¿cómo podemos pensar que Dios todopoderoso tiene menos compasión que nosotros, y que tenemos que importunarlo? Pensamos que Él no le responderá a una persona que pida que el poder de Dios se manifieste, sino que tenemos que juntar a cien millones de personas para manipular, molestar, y obligar a Dios para que mande avivamiento. Hoy en día en el cuerpo de Cristo hay unas actitudes que están muy mal. Necesitamos comprender el equilibrio de la gracia y la fe.

Con Confianza y Constancia

Dios, por gracia, ha previsto las necesidades de toda la raza humana así como las de cada uno de nosotros individualmente. Él ha satisfecho todas las necesidades que alguna vez pudieras tener. Antes de que tuvieras un problema, Dios ya había creado la respuesta. Él hizo la provisión antes de que tú tuvieras la necesidad. Dios ya ha suministrado todo. Nada vendrá a tu vida que tome a Dios por sorpresa. Tú no tienes que acercarte a Él, rogándole que te ayude ni diciendo: "Dios mío, no sé si vas a poder resolver esto". El Señor ya ha tratado con todo.

Todo ya ha sido provisto, pero eso no significa que aprovecharás esa provisión; a menos que tengas una respuesta adecuada de fe. En vez de llenarte de pánico y de temor, debes aprender a confiar en lo que Él ha hecho, confiando y diciendo: "Padre, no me importa lo que el doctor diga, yo sé lo que has dicho, y yo confío en ti. Creo que ya has suministrado todo lo que necesito". Cuando adoptes esta actitud y empieces a vivirla, creará en ti un gran sentimiento de paz. Sabes que nunca te sucederá nada que Dios no haya previsto. La provisión estaba ahí antes de que la necesidad se presentara. Verdaderamente te da confianza para saber que no tienes que tener temor de lo que el diablo te arroje. No importa, porque Dios ya ha suministrado lo que necesitas. Eso es fe.

La fe te da constancia. ¿Eres la clase de Cristiano que a veces está arriba y a veces abajo? ¿Asciendes a la cima mientras todo es maravilloso, y luego, cuando la tragedia llega a tu vida, desciendes al valle? ¿Mientras estás ahí, te desesperas y empiezas a buscar a Dios suplicando y rogando hasta que Él resuelva la situación y luego vuelves a la cima? Si ése eres tú, eres una persona muy carnal. No estás confiando en Dios. Estás siendo guiado por lo que observas en el ámbito natural. No comprendes que Dios por gracia, ya ha suministrado todo. Comprender esto te da regularidad. Te permite ser el mismo todo el tiempo porque Dios es el mismo todo el tiempo. Aunque mis circunstancias, mi prosperidad en el aspecto económico, mi salud, mi gozo, y otras cosas fluctúen, la provisión de Dios es la misma. Soy capaz de ser constante. No tengo temor de malas noticias porque sé que Dios ya ha suministrado la satisfacción de mis necesidades. No tengo que hacer algo para hacer que Dios responda. ¡Ésas son buenas noticias!

Muy pocos Cristianos tienen esta actitud porque muy pocos han comprendido que somos salvos por gracia a través de la fe. Ellos enfatizan: "Bien, depende de Dios. Estamos esperando que haga algo. Cualquiera que sea la voluntad de Dios, eso será". Y son pasivos, no ejercen su autoridad y le permiten al diablo que les dé una paliza porque han malinterpretado la soberanía de Dios. O, están ayunando, asediando a Dios, y tratando de torcerle el brazo para obligarlo a que haga algo. En cierto sentido, ellos mismos se han convertido en "Dios", y están asumiendo la responsabilidad de hacer que todo suceda. Eso es muy frustrante.

Dar Órdenes a los Ángeles

Mucha gente se ha desviado hacia esto en relación a los ángeles. Hay versículos que hablan sobre los ángeles y sobre cómo trabajan para nosotros (Mt. 18:10; He. 1:14). Muchas gentes enseñan: "Tienes que decirles a tus ángeles a dónde ir y qué hacer. Tienes que ordenarles que te protejan cuando abordas un avión, un tren, o un autobús. Asigna un ángel a cada esquina de tu carro para que te protejan". La Palabra revela que los ángeles contemplan el rostro de Dios. Ellos no te están escuchando a ti.

Ahora bien, el diablo está escuchando lo que estás diciendo. Si tú declaras: "Si alguien va a tener un accidente, ése soy yo. Satanás sacará ventaja de esas palabras y tendrás lo que dices. Eso es hacer que el tiro te salga por la culata. Así que sí, necesitas declarar: "Soy bendecido, estoy protegido, y los ángeles tienen cuidado de mí". Eso está bien. Pero los ángeles están contemplando el rostro de Dios.

No eres tan listo como para decirle a tus ángeles lo que deben hacer. Hay tantas cosas que suceden en nuestras vidas que ni siquiera sabemos qué es lo que está sucediendo. Cuando lleguemos al cielo, nos daremos cuenta que hubo muchas ocasiones en las que el diablo trató de matarnos y ni siquiera lo supimos, porque estábamos viviendo con gozo y paz, poniendo nuestra fe en Dios y confiando en Él. Él dio órdenes a los ángeles y el Señor nos protegió.

Los ángeles son reales, y nos protegen. Hay ángeles allí mismo donde estás. Pero Dios es el que les da órdenes y también cuida de ti. Mucha gente piensa que tiene que comisionar a sus ángeles y que sus ángeles no pueden hacer nada sin que ellos les digan qué hacer. Tú no puedes desempeñar el papel de Dios. Sería mucho mejor simplemente confiar en Él y dejar que sea Él quien los mande. Él puede ver lo que tú no puedes ver. El Señor puede encargarse de las cosas, mucho mejor que tú.

Un Esfuerzo Real

Estoy estableciendo un fundamento para las verdades que quiero tratar más adelante en este libro. Verdaderamente tendrán un impacto positivo en tu vida. Todo lo que estoy compartiendo es Cristianismo elemental—Cristianismo de primer grado. Estas verdades son verdaderamente básicas.

Si tú piensas que Dios controla todo y que está causando todas las tragedias, enfermedades, y todo el sufrimiento emocional, entonces más te vale no resistir todo eso, no sea que te encuentres oponiéndote a Dios. Si tú piensas que el Señor te está respondiendo, y que tú eres el que está haciendo que Dios actúe por tu gran fe, estás mal. No puedes asumir esa clase de responsabilidad. Simplemente no eres capaz de hacer eso.

Dios te ama mucho más de lo que tú te amas a ti mismo. Dios ama a tu familia más de lo que tú los amas. Él quiere que triunfes aún más de lo que tú quieres triunfar. Dios, por gracia, ha provisto todo lo que es necesario para que logres lo que Él quiere que hagas. Ya ha sido hecho. Ahora todo se resume a que entremos en Su reposo y confiemos en que Dios ya ha provisto todo lo que necesitamos. Eso parece fácil, pero la cosa más difícil de hacer es entrar en el reposo de Dios.

Debes esforzarte para entrar en reposo (He. 4:11 Nueva Versión Internacional). A primera vista eso suena contradictorio, pero es la verdad. La cosa más difícil de hacer es llegar al punto en el que confías en que ya se hizo, y no en que hay que hacerlo. Es difícil controlar tu lengua, tus acciones, y tu ansiedad. Esto requiere esfuerzo. Tendrás que adentrarte en La Palabra de Dios y empezar a ejercer dominio sobre ti mismo con ese conocimiento, en vez de con lo que el mundo dice. Esto requerirá un esfuerzo verdadero.

Pablo dijo:

> ***He trabajado más que todos ellos; pero no yo, sino la gracia de Dios conmigo.***
>
> 1 Corintios 15:10

Dios, por gracia, ha provisto todo. Pero se requiere esfuerzo de nuestra parte para confiar y reposar en la verdad de que Dios ya lo hizo.

Capítulo 9

Cree y Recibe

Somos salvos por gracia a través de la fe (Ef. 2:8). La gracia es lo que Dios hace por nosotros independientemente de nosotros. No tiene nada que ver con nosotros o no sería gracia. Por lo tanto, tú no la ganaste. No te la merecías. Dios no nos respondió a nosotros. Más bien, la gracia es algo hecho por Dios antes de que tengamos un problema. Se hace independientemente de nosotros—independientemente de cualquier cosa que merezcamos.

Ésa es una verdad maravillosa. Sin embargo, algunas personas han tomado esta verdad de que Dios hace las cosas independientemente de nosotros—sin basarse en nuestro mérito o valor—y se han ido a un extremo. Se olvidan que se requiere fe de nuestra parte para desatar la gracia de Dios.

Otras personas se olvidan que Dios es el que provee todo. En realidad piensan que nosotros, a través de nuestra fe, podemos hacer que Dios actúe y que haga algo. Piensan que podemos manipular y obligar al Señor a que haga cosas, lo cual también está mal.

No somos salvos sólo por fe. Ni somos salvos sólo por gracia. Cada una separada de la otra, es un veneno. Deben tomarse juntas de una manera correcta. Somos salvos por gracia a través de la fe.

La Verdadera Fe Bíblica

Todo el mundo se enfrenta a este problema: ¿Cuál es la parte de Dios, y cuál es mi parte? ¿Qué hace Él, y qué hago yo? Probablemente una de las preguntas más comunes que la gente me hace es ésta:

"¿Qué quiere Dios que haga?" Él quiere que comprendas, creas, y recibas lo que ya ha sido provisto.

La fe no es algo que tú haces, y después Dios te responde. Si tienes este concepto en cualquier forma o manera, entonces tú piensas que Dios se está fijando en tu estudio de la Biblia, tus oraciones, tu santidad, y tu bondad; y que luego, cuando hayas hecho lo suficiente, Él desatará Su poder. Si eso es lo que piensas, no estás operando en una verdadera fe bíblica. Eso es legalismo y religiosidad, y es la razón por la que las cosas no están funcionando. La fe no es algo que tú haces para que Dios haga algo. La fe simplemente es tu respuesta positiva a lo que Dios ya ha logrado por gracia. Es la manera como te apropias y recibes lo que Dios ya ha provisto.

Dios no "actúa" en el momento que le crees. Si tú tienes fe en Dios para la sanidad, Él no te responde y te sana por eso. 1 Pedro 2:24 revela que por Sus llagas, fuiste sanado hace dos mil años.

Por cuya herida [de Cristo] *fuisteis sanados.*

Esto está hablando de lo que sucedió en la sala de juicio de Herodes. El Señor Jesucristo, en camino a la cruz, llevó llagas en Su espalda (Mt. 27:26). Jesucristo no está sanando a la gente hoy en día. Él sanó a la gente hace dos mil años. Todo el poder que se necesita para sanar cada enfermedad, y dolencia de toda la raza humana se generó hace dos mil años.

Poder para Resucitar a los Muertos

En el preciso instante que recibiste al Señor y que volviste a nacer, Dios puso en tu interior ese poder de resurrección (Ef. 1:19). Tú no necesitas que Dios te sane. Él ya lo hizo. Él ha depositado en tu interior (tu espíritu vuelto a nacer) poder para resucitar a los muertos. Solamente necesitas comprender lo que ya ha sido provisto por gracia, y aprender cómo dirigir esa provisión (hacia tu alma y tu cuerpo) por fe.

Cuando el Señor me mostró esto, transformó mi vida. Éstas no son cosas que simplemente estudié y usé para sacar un sermón de ellas. Esto es lo que Dios ha hecho en mi vida. Ésta es mi manera de vivir. Es mi manera de pensar. No he llegado a la meta, pero ya arranqué. No soy perfecto, pero me han sucedido varias cosas sobrenaturales, incluyendo la resurrección de mi hijo después de que estuvo muerto por cinco horas.

Una noche, cuando ministrábamos mis compañeros y yo, una dama fue sanada de un tumor en su seno. Esa cosa se disolvió instantáneamente. Ella fue al baño y se revisó. El tumor se había ido. En otra ocasión, ministramos a varias personas que tenían dolor, algunos de ellos lo habían tenido por quince o veinte años, y el dolor se fue instantáneamente. Ellos ahora son sanos. Otra noche vimos gente sanar de problemas en la espalda, en las vías respiratorias, y de muchas cosas más. No estoy diciendo que sepa todo, pero sé que voy en la dirección correcta. Estoy viendo resultados que van más allá de la capacidad humana.

Una de las cosas que transformaron mi vida fue que en lugar de acuciar a Dios para que hiciera algo, empecé a creer en lo que Él ya hizo. Empecé a poner mi fe en la gracia en vez de ponerla en lo que yo podría hacer para lograr que Dios actuara. Aquí es donde muchos se están equivocando.

Cambio de Mentalidad

Cuando mi hijo mayor era pequeño, se enfermaba de cierta dolencia cada Diciembre en el mismo día. La situación no tenía sentido. No creo que fuera algo físico. Creo que era un ataque demoníaco. Como reloj, en el mismo día, todos los años se enfermaba de lo mismo.

Después de unos años de lo mismo, al acercarse la fecha, me di cuenta que se iba a enfermar otra vez. Cuando vi que los síntomas estaban reapareciendo, empecé a ayunar y a orar, reprender y atar, y muchas otras cosas. Pero Joshua estaba peor y peor. Recuerdo que oré: "Dios, sé que esto no debe ser así. Sé que esto no es normal. La gente no se enferma de lo mismo, el mismo día cada año. Éste es el diablo. ¿Por qué no estamos viendo mejores resultados?"

Lo que el Señor me contestó verdaderamente cambió mi vida. Dijo: "El problema es que no estás peleando en contra de esto basándote en que Yo ya te sané. Tú estás tratando de ser sanado. Tú te ves como el enfermo, que está tratando de estar bien, en vez de verte como el sano a quien Satanás está tratando de robarle su salud".

Cambié mi mentalidad y declaré: "Esto está mal. Dios ya nos sanó. Por Sus llagas fuimos sanados. Él ya puso Su poder en mi interior y, sin embargo, estoy actuando como el que pelea para obtener una victoria. Ya tengo la victoria. No estoy peleando para llegar a la victoria. Vengo de una victoria. Ya soy más que un conquistador".

Cuando tú piensas que la sanidad está por allá, y que en el nombre de Jesucristo vas a llegar a ese lugar, estás dudando. Aunque suena positivo, estás creyendo: "No estoy allá". Y si no estás allá, existe la posibilidad de que no llegues. Pero si dices: "No, ya soy sano. Me niego a permitir que alguien me quite lo que Dios ya me ha dado". ¿Cómo es posible que no llegues si ya estás allí?

Completo en Cristo

Ya no me veo a mí mismo como el enfermo que está tratando de ser sano. Soy el sano. Dios puso su poder en mi interior, y no estoy tratando de hacer que Dios actúe.

La comprensión de esta verdad fundamental, cambiará toda tu perspectiva. Te darás cuenta que la vida Cristiana no consiste en hacer que Dios haga algo. Consiste en renovar tu mente a la verdad de La Palabra y recibir la manifestación física de lo que Dios ya hizo. Sin embargo, la mayoría de la gente ve la vida Cristiana como si fuera un sistema de siete pasos para que Dios haga esto y tres pasos para que Dios haga aquello; la reducen a cómo hacer que Dios haga algo, y cómo hacer que actúe.

Si hoy predicara en la mayoría de las iglesias pentecostales, llenas del Espíritu Santo, carismáticas, o como quieras llamarlas: "Es el tiempo de la doble porción. Dios va a derramar una doble unción del Espíritu Santo. ¿Te gustaría tener más de Dios? ¿Quieres que Dios haga algo nuevo en tu vida?" Podría hacer que casi el 99 por ciento de la gente corriera al altar porque están esperando algo. Están esperando que Dios haga algo nuevo y que los toque. Estrictamente hablando, todo eso está mal. Dios ya ha hecho todo lo que iba a hacer.

En el interior de cada creyente vuelto a nacer existe el mismo poder que resucitó a Cristo de entre los muertos. La plenitud de la deidad habita en ti corporalmente (Col. 1:27; 2:9). Tú no necesitas que Dios haga algo. No necesitas que Dios te bendiga. No necesitas gozo o paz. Estás completo en Cristo (Col 2:10).

Sin embargo, tú podrías estar batallando con esto, pensando: "Bueno, tú no me conoces. Estoy deprimido". Es porque sólo te estás fijando en lo exterior. Estás observando tus emociones. La mayoría de nosotros no comprendemos lo que tenemos en nuestros espíritus vueltos a nacer. En tu espíritu, ya tienes amor, gozo, paz, paciencia, benignidad, bondad, fe, mansedumbre y templanza (Ga. 5:22-23). Ésas no son cosas que están "por allí", y si oras lo suficiente, estudias La Palabra, vives una vida santa, y haces lo correcto, entonces Dios te dará amor, gozo, y paz. No, en tu Espíritu, las veinticuatro horas al día, siete días a la semana, cada día de tu vida, tu espíritu vuelto a nacer está gozándose y alabando a Dios. Nunca ha estado deprimido. Nunca ha estado desanimado. Cuando estás deprimido y dices: "Oh, Dios. ¿Dónde estás? Se siente como si te hubieras ido", nunca es tu espíritu. Eso sólo es tu carne. Reaccionas así porque te estás dejando llevar por lo que puedes ver y sentir. Pero hay una parte espiritual tuya que está sentada con Cristo en los lugares celestiales (Ef. 1:3; Col 3:1). Es real.

Mi estudio básico titulado ***Espíritu, Alma y Cuerpo*** expone y profundiza en las verdades que estoy compartiendo aquí brevemente. Te invito a que lo obtengas. Verdaderamente te ayudará.

Dios Siempre Está Liberando Su Poder

La verdad es que, si eres un creyente vuelto a nacer, ya tienes el mismo poder en tu interior que resucitó a Jesucristo de entre los muertos. Tienes toda la sanidad que necesitas. Tú no necesitas que Dios te sane. Tú tienes que descubrir lo que Él ya ha provisto. La comprensión de esta revelación, cambiará toda tu forma de pensar. En vez de tratar de recibir sanidad, sabrás que Dios ya te ha sanado. Consecuentemente defenderás lo que Dios ya te ha dado. No vas a permitir que el diablo te robe. ¡En esto reside toda la diferencia!

Cuando el Señor me reveló esta verdad, había estado peleando con la enfermedad que por años había atacado a mi hijo el mismo día cada año. Yo peleaba, y aunque me tomaba quince horas, un día, o lo que fuera, finalmente veía que mi hijo sanaba. En cada ocasión parecía que íbamos a enfrentar lo mismo una vez más. Pero después de que el Señor me mostró esto, en diez minutos esa enfermedad se acabó y ése fue el fin del problema ¿Por qué? Ya no estaba tratando de ser sanado. Ya éramos sanos, y no había un diablo lo suficientemente grande que pudiera robarme lo que Dios ya me había dado. Es mucho más fácil defender lo que ya posees que tratar de obtener algo que no tienes.

Cuando la gente se acerca a mí y preguntan: "¿Podrías orar para que Dios derrame Su amor en mi vida?" Me dan ganas de darles un tirón de orejas. Lo que insinúan es que Dios, por la razón que sea, ha detenido el fluir de Su amor, paz, gozo, o de cualquier otra cosa. Piensan que la razón por la que no sienten amor, paz, o gozo es porque Dios no se los ha dado. ¡Eso nunca es verdad!

La gracia es independiente de ti, y es constante. Eso significa que no depende de ti. No depende de si estás viviendo en santidad, o si has hecho algo bien o mal. Siempre es la misma. La gracia de Dios nunca fluctúa ni cambia. Dios nunca está prendiéndose ni apagándose. El Señor nunca desata Su poder en tu vida, para luego—cuando haces algo malo—apagarlo. La religión enseña eso. Pero Dios siempre está dispuesto. El siempre está liberando Su poder.

Avivamiento

Definitivamente estoy a favor del avivamiento, pero el enfoque que la mayor parte del cuerpo de Cristo le da está mal. El Señor no está en el cielo con los brazos cruzados, diciendo: "No, hasta que más personas oren por más tiempo y con mayor intensidad. Hasta que junten a otras 100,000 personas. Hasta que rueguen, supliquen y se arrepientan un poco más…" Eso implica que Dios controla el avivamiento y que depende de Él que lo "envíe". Esta actitud dice: "Si Dios quisiera podríamos estar experimentando un poderoso avivamiento. Todas nuestras iglesias se llenarían y toda la nación se acercaría a Dios". De hecho, está diciendo: "Dios es nuestro problema. Él es el que no está enviando avivamiento".

No es así. Los brazos de Dios no están cruzados—están completamente abiertos. Él está tratando de desatar Su poder a través de nosotros. Dios quiere el avivamiento mucho más que nosotros. No necesitamos rogarle. Solamente debemos empezar a creer que Él ya ha puesto el avivamiento en nuestro interior. Ya tenemos el mismo poder que resucitó a Cristo de entre los muertos, y podemos hacer las mismas obras que Jesucristo hizo. Sólo sal por allí y resucita a algunas personas de entre los muertos. ¡Tendrás todo el avivamiento que puedas imaginarte!

Estamos orando: "Oh, Dios. Envía avivamiento", pero Él está diciendo: "Tú ve y lleva el avivamiento. Yo ya puse mi poder en tu interior—¡desátalo!" La mayor parte de la iglesia se está preguntando: "¿Por qué Dios no ha actuado? ¿Por qué no ha hecho algo?" Dios ya lo ha hecho todo. Él actuó a través de la muerte, el entierro, y la resurrección del Señor Jesucristo. Todo lo que Dios hará por la raza humana ya ha sido logrado a través de la expiación. Ya está hecho. Está completo. Cuando Jesucristo dijo: "Consumado es", su misión había sido consumada. Tú no necesitas que Dios te salve, o que te sane. Él ya te ha salvado y te ha sanado. Él ha perdonado los pecados de todo el mundo y ha suministrado sanidad. La gracia de Dios ya ha sido suministrada. El asunto es éste: ¿Creerás y recibirás, o dudarás y te lo perderás?

Mi estudio titulado: ***¡Ya lo tienes!*** ahonda y profundiza en estas importantes verdades, y su combinación con ***Espíritu, Alma y Cuerpo*** y ***Una Mejor Manera de Orar,*** revolucionará tu manera de recibir los dones de Dios. De verdad, todo se resume en comprender y aplicar estas verdades en relación a la gracia y a la fe.

Dios por gracia, ya actuó. Él ya ha hecho todo lo que iba a hacer. A través de la expiación de Cristo, él ya ha provisto todo lo que necesitaremos. Ahora de nosotros depende que nos lo apropiemos—que lo recibamos—por fe.

Capítulo 10

Prende y Sintoniza

***Bendito sea el Dios y Padre de nuestro Señor Jesucristo, que nos bendijo* [tiempo pasado].**

Efesios 1:3; (los corchetes son míos).

La palabra "bendijo" significa que ya ha sido hecho. Ya estamos bendecidos. No dice: "Que nos bendecirá [tiempo futuro]..." Hoy en día, la mayoría de las profecías en el cuerpo de Cristo se enfocan en el futuro. Dicen: "¡Dios va a hacer esto, y va a hacer esto otro. Él va a actuar y va a hacer algo nuevo!" Se presenta al Señor como si fuera el gran "Yo voy a ser", no como el gran "Yo Soy". La profecía común y corriente hoy por hoy, dice: "Algo va a suceder, pero ahorita no está sucediendo nada". Sin embargo, éste no es el mensaje de la Biblia. Aquí en Efesios 1:3, La Palabra revela que ya estamos bendecidos. (Todo el libro de efesios fue escrito desde la perspectiva de que ya está hecho). Dios nos...

Bendijo con toda bendición espiritual en los lugares celestiales en Cristo.

Efesios 1:3

Ésta sólo es una manera para decir que Él ya nos ha dado todas las bendiciones terrenales y espirituales—y que ya están en nosotros en Cristo. Dios ya ha depositado todo lo que necesitaremos en nuestro espíritu vuelto a nacer. Ya está hecho. Dios ya ha distribuido sus bendiciones.

Por lo tanto, es incredulidad orar: "Oh, Dios. Bendíceme". Ya estás bendecido. Sólo que no has escuchado la voz de Dios, no has creído la verdad, y todavía no has visto que se manifieste. Dios ya ha enviado la bendición para ti, pero tú todavía no la has recibido.

Fuiste Sanado

Es un insulto para Dios que oremos así: "Oh, Dios. Sáname". 1 Pedro 2:24: dice:

Por cuya herida fuisteis [tiempo pasado] *sanados.*

Si Dios dice: "Fuisteis sanados", y luego dices: "Oh, Dios. Sáname", uno de los dos está mal. Permíteme sugerirte que no es Dios el que está mal. Él dice: "Por Su herida fuiste sanado", si *fuiste* sanado, entonces *estás* sano. ¿Por qué le estás pidiendo a Dios que haga algo que Él ya hizo?

"Pero tengo un diagnóstico del doctor y tengo dolor en mi cuerpo, eso comprueba que no estoy sanado". No, eso sólo prueba que tu cuerpo físico todavía no ha recibido la sanidad que Dios ya dio. Pero de acuerdo a Las Escrituras, Dios ya te sanó. El poder de resurrección que Él ha puesto en tu interior es por supuesto suficiente para sanar tu padrastro, tu catarro, tu dolor de cabeza, tu cáncer, o tu Sida. Ninguna de estas cosas representa un problema para Dios. Él ya ha depositado el poder sobrenatural para la sanidad en tu interior; sin embargo, tú todavía se lo estás pidiendo. Eso es incredulidad.

¿Cómo piensas que yo respondería si te diera mi Biblia, pero luego tú te acercaras a mí y me preguntaras: "Andrew, por favor, podrías prestarme tu Biblia para que pueda buscar un versículo?" ¿Cómo responderías cuando una persona te pide que le des algo que tú sabes que ya se lo diste? Personalmente, ni siquiera sé cómo respondería ante algo así. Probablemente te vería pensando: "¿Qué te pasa?"

Si Dios pudiera ser confundido, pienso que se confundiría. Hay millones de personas que están orando: "Oh, Dios. Por favor sáname. Estira tu mano y sana. Tengo fe en que vas a venir y me vas a sanar".

Ya Estamos Ungidos

También oran: “Oh, Dios. Rompe los cielos y desciende”. A lo mejor estás pensando: “Eso está en la Biblia. ¿Qué hay de malo con eso?” Dios ya rompió los cielos y descendió en la persona de Jesucristo. Era adecuado que Isaías orara: “Rompe los cielos y desciende” porque Él todavía no lo había hecho (Is. 64:1). Sin embargo, es inadecuado orar de esta manera después de la vida, muerte, y resurrección del Señor Jesucristo. La gente que ora de esta manera no está valorando correctamente a Jesucristo. Esencialmente están diciendo: “¡Sé que Jesucristo descendió, pero lo que hizo no es suficiente. Necesito que haga algo más!”

Antes de que Jesucristo viniera, era correcto que David orara:

Crea en mí, oh Dios, un corazón limpio, y renueva un espíritu recto dentro de mí. No me eches de delante de ti, y no quites de mí tu santo Espíritu. Vuélveme el gozo de tu salvación, y espíritu noble me sustente.

Salmo 51: 10-12

Pero hoy por hoy, es incredulidad que un Cristiano ore de esta manera. David era un hombre del Antiguo Testamento que no había vuelto a nacer. Él no tenía las promesas que nosotros tenemos y que dicen: “No te desampararé, ni te dejaré” (He. 13:5) y “yo estoy con vosotros todos los días, hasta el fin del mundo” (Mt. 28:20). Es incredulidad que nosotros vengamos a un servicio de iglesia y que oremos así: “Oh, Dios. Te pedimos que te reúnas con nosotros hoy”. Además de la promesa que tenemos en Hebreos 13:5 que dice que Él nunca nos dejará, ni nos abandonará, Jesucristo dijo:

Porque donde están dos o tres congregados en mi nombre, allí estoy yo en medio de ellos.

Mateo 18:20

No tenemos que orar y pedir para que la unción caiga. Dios ya nos ha ungido. Cuando Jesucristo vino a Su pueblo natal de Nazareth, en la sinagoga se puso de pie y citó del libro de Isaías (capítulo 61) diciendo:

> ***El Espíritu del Señor está sobre mí, por cuanto me ha ungido para dar buenas nuevas a los pobres.***
>
> Lucas 4:18

Él no fue a un cuarto en la parte trasera de la sinagoga con el líder y dijo: "Vamos a orar para que Dios te unja". La gente siempre hace esto conmigo cuando voy a predicar a sus iglesias. Me preguntan: "¿Te gustaría venir acá con nosotros? Queremos orar para que Dios te unja". Soy tan cortés, amable y pacífico que normalmente no digo nada. Pero, ¿cuál es el objetivo de pedirle a Dios que me unja? Si no estoy ungido en el momento en que llegue a tu iglesia para ministrar, no voy a obtener la unción en los próximos cinco minutos. Si tú no crees que estoy ungido y que Dios habla a través de mí, ¿entonces por qué me invitas a tu iglesia? ¿Por qué ir a un cuarto de la parte trasera de la iglesia y pasarnos treinta minutos orando y pidiendo la unción de Dios? Eso es incredulidad. Está bien desear ver la manifestación del poder de Dios, pero no tienes que rogarle a Dios por la unción.

Sé Congruente con La Palabra de Dios

Si Dios nos pide que hagamos algo, sería injusto de Su parte que no nos diera lo que necesitamos para hacerlo. Por naturaleza, soy un introvertido. Cuando era adolescente, ni siquiera podía ver a alguien directamente a los ojos. Sin embargo, Dios me ha llamado a que le hable a millones de personas por el mundo todos los días a través de la televisión, el radio, y la internet. Él me ha llamado a organizar conferencias y reuniones para abarcar diferentes ciudades, y a ministrar en iglesias y escuelas Bíblicas. Dios sería injusto si me dijera que hiciera algo que no puedo hacer y no me proveyera de lo necesario para hacerlo. Él no se limita a darnos órdenes, y luego nos abandona a nuestras propias fuerzas hasta que le roguemos. No, para cualquier cosa que Dios nos pida que hagamos, hay una unción presente para realizar la tarea en cuestión.

Tú no tienes que rogarle a Dios por la unción. Es más, al acercarte a Él diciendo: "Oh, Dios. Por favor úngeme", estás empezando con una actitud de incredulidad. Estás diciendo que no estás ungido cuando las Escrituras dicen que Dios...

Nos ungió.

2 Corintios 1:21

Ya estoy ungido. Tú estás ungido (1 Jn. 2:20). Él ya ungió a cada uno de nosotros. Así que en vez de empezar con una actitud de incredulidad diciendo: "Oh, Dios. No estoy ungido, pero ¿podrías ungirme?", debes empezar a creer que Él ya te ha ungido (2 Co. 1:21) y te ha bendecido con todas las bendiciones espirituales (Ef. 1:3). Ponte en acuerdo con La Palabra de Dios, declarando: "Ya he sido bendecido. Ya tengo amor, gozo, y paz. No necesito que Dios me de estas cosas. Si no siento gozo, no es Dios el que no me lo ha dado. Yo soy el que de una manera u otra bloqueo la entrada del gozo que el Señor me envía. Lo que necesito hacer es trabajar en mi receptor, no en el transmisor de Dios".

En este preciso momento, hay señales de televisión dondequiera que estés. Si tú dices: "No lo creo", eso no significa que no están ahí. Sólo significa que no eres muy inteligente. Tú dices: "Pero no puedo verlas o escucharlas". Eso no significa que no están ahí. Ahí están. Sólo que están presentes de tal forma que tu cabeza de chorlito no puede percibirlas.

Si tú enchufas, prendes, y sintonizas una televisión, empezarás a ver y a escuchar un programa. Pero no es entonces cuando la transmisión empezó. La transmisión ya estaba ahí. La señal se transmite las veinticuatro horas al día, siete días a la semana. Es más, hay varias señales—tanto de televisión como de radio—ahí mismo donde estás. Toda clase de cosas suceden a tu alrededor en el ámbito invisible. A lo mejor tú no las percibes, pero ahí están. Cuando tú prendes y sintonizas la televisión, no es cuando la compañía de televisión empieza a transmitir, es cuando tú empiezas a recibir.

¿Qué Decir de Daniel?

Dios siempre, siempre, está desatando—transmitiendo—amor, gozo, paz, paciencia, gentileza, y bondad. Y estas cosas no vienen de la "nada".

"¿Pero no tenemos que hacer un agujero en el cielo para atravesar el área cubierta por los poderes demoníacos en nuestra ciudad para que nuestras oraciones puedan llegar a Dios?" No, eso solamente es una doctrina religiosa. "Entonces, ¿qué decir de Daniel?" Daniel era un hombre del Antiguo Testamento. Jesucristo todavía no había muerto ni había quebrantado el dominio del diablo.

Pero ahora, en el Nuevo Testamento, tú no necesitas que tus oraciones lleguen más allá del techo. Ni siquiera necesitas que lleguen más allá de tu nariz. Dios vive en tu interior. La razón por la que agachas tu cabeza para orar es para que puedas ver a Dios. Aceptar este concepto equivocado de que los demonios están bloqueando el paso de nuestras oraciones hacia Dios, muestra que no comprendes lo que el Señor ya ha hecho a través de la gracia. Ésa es la razón por la que Satanás se está comiendo tu almuerzo y no deja ni las migajas—careces de un conocimiento que es importante. (Os. 4:6).

Sientes que: "¡Oh, Dios. Debemos recibir algo de tu parte!" Dios ya actuó a través de Jesucristo, y Él puso en tu interior el mismo poder que resucitó a Cristo de los muertos. Tú puedes salir y hacer las mismas obras que Jesucristo hizo. Empieza a representarlo como a alguien que ya ha hecho todo. Deja de representar al Señor con esta actitud: "Él podría hacerlo, si oráramos apasionadamente". No, sal y proclama: "¡Buenas nuevas! Dios ya lo hizo. Él ya ha suministrado todo lo que necesitas. Él ya perdonó tus pecados. Él ya te sanó. ¿Creerás y recibirás?"

Ése es un enfoque diferente que consiste en decir: "Vamos a orar y pedirle a Dios que actúe". Si representáramos a Dios correctamente, veríamos mejores resultados. Dejemos de rogarle al Señor que haga algo y empecemos a actuar basándonos en que Él ya lo hizo. Cuando empecemos a creer Su Palabra y a desatar Su poder, tendremos más avivamiento de lo que nos podemos imaginar.

Revisa Tu receptor

Sin embargo, parecería que la televisión de la mayoría de los Cristianos no está funcionando. Y en vez de revisar si está conectada, prendida, y si el canal está bien sintonizado, lo primero que hacen es llamar a la estación emisora. "¿Por qué no están transmitiendo? Por favor empiecen a transmitir la señal. ¡Quiero ver el programa de Andrew!"

Lo primero que hacemos cuando estamos enfermos es decir: "Dios: ¿por qué no me has sanado?" Él está transmitiendo 24/7. Si no estás recibiendo sanidad, no es Dios el que no la ha suministrado. Eres tú el que no sabe cómo recibir. No estoy diciendo esto para condenarte. Lleva tiempo educarse y aprender. Pero se debe empezar por reconocer que Dios no es el que no ha sanado a nadie. Él ya sanó todas nuestras enfermedades y dolencias, y ese poder ya está en nuestro interior. Si no lo estamos sintiendo—si no se está manifestando—no es Dios el que no ha dado. Somos nosotros los que no hemos aprendido a recibir. Necesitamos empezar a arreglar nuestro receptor, y no el transmisor de Dios.

No llames a la estación emisora para decir: "¡Dios, ¿qué está mal contigo? Oh, Dios derrama tu poder. Oh, Señor envía avivamiento!" Dios no es tu problema. Él ha estado desatando Su poder por más de dos mil años. La razón por la que la iglesia sufre no es porque Dios no está actuando; es porque no hemos estado recibiendo. Hemos sido ignorantes, y Satanás nos ha estado robando.

Capítulo 11

Abre tus Ojos

Si tú estuvieras escribiendo una oración que será leída y rezada por los santos dentro de dos mil años, ¿cómo orarías? Piensa al respecto por un momento.

Las palabras podrían variar, pero el Cristiano común y corriente hoy en día oraría más o menos así: "Oh, Dios. Te pedimos que derrames tu poder sobre esa generación. Actúa y envía avivamiento. Oh, Dios. Te pedimos algo nuevo..." De alguna forma sería una manera de rogarle a Dios que haga algo nuevo, que actúe, que haga algo.

Veamos la manera como el apóstol Pablo abordó esto (Ef. 1:15-23). Lo único que le pidió a Dios es que nos diera la revelación de lo que el Señor ya ha hecho. Pablo no le pidió a Dios que hiciera nada nuevo. Simplemente dijo: "Abre sus ojos a lo que ya has hecho". Él estaba orando para que cada creyente reciba la revelación de lo que ya tiene.

Espíritu y Vida

No oraré por alguien que viene a mí y pregunta: "Por favor, ¿podrías orar para que Dios derrame Su amor en mi vida?" Eso es porque Dios ya ha derramado Su amor a través de Jesucristo. Él envió al Espíritu Santo para que derramara el amor de Dios en nuestros corazones (Ro. 5:5). No hay problema con el amor de Dios. Él ama a cada uno de nosotros infinitamente más de lo que cualquiera de nosotros ha podido comprender. No necesitamos que Dios derrame Su amor.

Sin embargo, si tú preguntas: "¿Podrías orar conmigo para que reciba la revelación de lo que sé que es verdad. Sé que Dios me ama, pero no tengo la revelación de esto. No lo comprendo, y no lo estoy experimentando?". En un abrir y cerrar de ojos oraré contigo por eso. Es un placer ayudarte a arreglar tu receptor, pero me niego a culpar a Dios de que no te ama. Dios te ama.

"Pero no siento el amor de Dios". Bueno, entonces, tus sentimientos están mal. No están recibiendo la transmisión. Pero no es Dios el que no está transmitiendo Su amor. "No siento el gozo del Señor, o Su paz". Tus sentimientos están mal porque la verdad es que en tu interior tienes amor, gozo, y paz, todo el tiempo.

Cada vez que has estado deprimido y desanimado, tu espíritu ha estado regocijándose y alabando a Dios. Tu espíritu siempre está feliz y bendecido. A lo mejor estás pensando: "No, no lo está. Sabría si lo estuviera". Eso no es verdad. Lo que es espíritu es espíritu, y lo que es carne es carne (Jn. 3:6). No puedes darte cuenta de lo que sucede en el ámbito espiritual, a menos que profundices en La Palabra de Dios.

Las palabras que yo os he hablado son espíritu y son vida.
Juan 6:63

"Gracias, Padre"

Leamos esta oración en Efesios 1:15-16.

Por esta causa también yo, habiendo oído de vuestra fe en el Señor Jesús, y de vuestro amor para con todos los santos no ceso de dar gracias por vosotros, haciendo memoria de vosotros en mis oraciones.

En nuestras oraciones, no muchos de nosotros damos gracias. Nuestras oraciones se resumen a: "Oh, Dios. Necesito esto. Por favor dame esto otro. Oh, Dios. Ayúdame…perdóname". Ése es el contenido de la mayoría de las oraciones de la gente. "Oh, Dios. Dales esto, y dales lo otro. Oh, Dios, perdónalos". Date cuenta que el 99.9 por ciento de toda la oración se centra en tus necesidades. No contiene mucho agradecimiento o alabanza, porque, vuelvo a repetir, creemos que Dios no ha hecho lo suficiente. Pensamos que Él es capaz de hacer cualquier cosa pero que no ha hecho mucho. Sentimos que tenemos que pedirle cosas constantemente. Sin embargo, una vez que empiezas a comprender que por gracia Él ya ha hecho todo, entonces tus oraciones se transformarán en alabanza.

Yo no me pongo a elaborar conscientemente mis oraciones, pero te garantizo que entre un 95 y un 99 por ciento de ellas se reduce a decir: "Gracias, Padre. Te amo. Estimo lo que has hecho". En realidad no me paso nada de tiempo pidiéndole a Dios algo, porque Él ya lo ha suministrado.

A lo mejor tú estás pensando: "¡Eres muy raro!" Bueno, yo pienso que tú también eres raro. Y hasta que empieces a obtener mejores resultados que yo, a lo mejor deberías considerar hacerlo de esta manera.

Iluminado

Pablo estaba orando en Efesios 1:16-17…

No ceso de dar gracias por vosotros, haciendo memoria de vosotros en mis oraciones, para que el Dios de nuestro Señor Jesucristo, el Padre de gloria, os dé espíritu de sabiduría y de revelación en el conocimiento de él.

Para mayor precisión, los versículos 8 y 9 dicen que Dios ya…

Hizo sobreabundar para con nosotros en toda sabiduría e inteligencia, dándonos a conocer el misterio de su voluntad.

La verdad es que Dios ya nos ha dado sabiduría e inteligencia, dándonos a conocer el misterio de Su voluntad. En los versos 16 y 17, Pablo simplemente estaba orando para que esto empezara a funcionar. Él no le está pidiendo a Dios que haga algo que Él no ha hecho. Él está orando para que nosotros comprendamos lo que el Señor ya nos ha dado.

Alumbrando los ojos de vuestro entendimiento, para que sepáis cuál es la esperanza a que él os ha llamado, y cuáles las riquezas de la gloria de su herencia en los santos.

Efesios 1:18

Él está orando para que tus ojos se abran—no tus ojos físicos, sino tus ojos espirituales. Él está hablando de los ojos de tu corazón.

El Sexto Sentido

Personalmente, creo que originalmente Dios nos creó con seis sentidos, no con cinco. Nosotros actuábamos por fe. Eva y Adán se comunicaban con Dios a través del espíritu. En Génesis 3:7, donde dice que sus ojos se abrieron, no se está hablando de los ojos de su corazón. Se está hablando de que su vista (en el ámbito físico) empezó a dominarlos. Originalmente ellos fueron creados para vivir a través de un sexto sentido, el de la fe, a través del cual actuaban. Pero después de que pecaron, sus ojos espirituales se cerraron y sus ojos físicos se abrieron a la existencia en la que la mayoría de nosotros vive ahora. Somos carnales, y simplemente nos dejamos guiar por lo que vemos. No tenemos ninguna percepción espiritual. Originalmente, Dios creó al hombre para que fuera capaz de percibir las cosas del ámbito espiritual.

En 2 Reyes 6, hay un ejemplo en el que Eliseo estaba rodeado por el ejército de Siria. Su siervo exclamó:

¡Ah, señor mío! ¿qué haremos?

2 Reyes 6:15

Eliseo oró y dijo: "Señor, abre los ojos del mozo" (2 R. 6:17). Él no estaba hablando de sus ojos físicos. Sus ojos físicos ya estaban tan abiertos que parecían platillos viendo todas las tropas del enemigo que los rodeaban. Eliseo estaba orando para que sus ojos espirituales se abrieran. De repente, este joven vio con su corazón y percibió a todos los ángeles.

Eva y Adán podían ver en al ámbito espiritual porque estaban actuando por fe a través de los ojos de su corazón. Este ejemplo de 2 Reyes 6 es exactamente lo opuesto a lo que sucedió con Eva y Adán. Eva y Adán degeneraron de un estado donde se guiaban por la fe a un estado donde se guiaban por la vista. El siervo de Eliseo cambió de ver con los ojos a ver por fe y a percibir el ámbito espiritual.

Ahora, a través del nuevo nacimiento…

Por fe andamos, no por vista.

2 Corintios 5:7

La norma para el creyente del Nuevo Testamento debería ser caminar por fe. Deberíamos tener ese sexto sentido de la fe renovado para que pudiéramos ver con nuestros corazones cosas que no podemos ver con nuestros ojos físicos. Eso es lo normal.

Sobrenatural

Así que en Efesios 1: 17-18, Pablo estaba orando para que nuestra vista espiritual—nuestra comprensión espiritual—empezara a percibir cosas que no podemos percibir con nuestro cerebrito de cacahuate. A través de los ojos de nuestro corazón, nosotros empezaríamos a percibir…

La esperanza a que Él os ha llamado.

Efesios 1:18

Esto no se refiere solamente al plan que tú tienes para ti. ¡Se refiere al plan que Él tiene para ti!

Ahora que has vuelto a nacer, tienes un llamamiento que está más allá de la capacidad humana. La mayoría de la gente está tratando de descubrir lo que Dios quiere que hagan. Sin embargo, ellos están buscando algo que sean capaces de hacer por su propia cuenta. "Dios, ¿muéstrame qué es lo que quieres que haga?". Si sientes que aquello que Dios te pidió que hicieras es algo que puedes lograr por tu cuenta, entonces realmente, todavía no has encontrado el plan de Dios para tu vida. Dios tiene un plan para ti que es sobrenatural. Para lograrlo, se va a requerir Su capacidad sobrenatural obrando a través de ti.

Yo era un introvertido y no podía ver a la gente a la cara. Ahora Dios me tiene hablándole a miles y miles de personas. Estoy haciendo algo que es físicamente imposible para mí.

Si lo puedes hacer por tu propia cuenta, dudo que sea de Dios. Él te llamará a hacer algo que es sobrenatural. Es la esperanza de Su llamamiento. Dios es un Dios sobrenatural, y la mayoría de nosotros estamos aspirando a muy poco. Estamos tratando de atinarle a la nada, y le atinamos todo el tiempo. Necesitamos mejorar. Necesitamos que nuestros ojos se abran y que nuestra comprensión se ilumine para que podamos ver la esperanza de Su llamamiento—cuál es el plan de Dios para ti, no simplemente lo que piensas que puedes lograr por tu cuenta.

En los Santos

Alumbrando los ojos de vuestro entendimiento, para que sepáis cuál es... y cuáles las riquezas de la gloria de su herencia en los santos.

Efesios 1:18

Date cuenta cómo La Palabra dice: para que sepáis cuáles son (tiempo presente) las riquezas de la gloria de Su herencia *en* los santos.

Cantamos esa canción que dice que cuando todos lleguemos al cielo será un día maravilloso. En el futuro optimista eso será maravilloso, pero en la realidad del aquí y el ahora, es una carga. Sin embargo, La Palabra dice que hemos sido llamados…

Para alcanzar la gloria de nuestro Señor Jesucristo.

2 Tesalonicenses 2:14

Ya hemos obtenido la gloria del Señor Jesucristo. A lo mejor estás diciendo: "No comprendo eso". Vas y ves en el espejo y piensas: "¿Ésta es la gloria?" No. La Palabra no está hablando de tu cuerpo físico o de tu alma (el ámbito mental y emocional). Pero en el espíritu, estás lleno de la gloria de Dios. Si lo que está en el interior de tu espíritu vuelto a nacer tuviera que ser repuesto, volver a poner dentro de ti lo que ya tienes dejaría al cielo en la bancarrota. La gloria de Dios mora en tu interior. Las riquezas de la gloria de su herencia están en los santos. No están por allí, ya están en tu interior.

La mayoría de los Cristianos no saben que Dios ya ha hecho esto. Pensamos que cuando todos lleguemos al cielo, será un día maravilloso. Todo lo que sucederá en el cielo es que obtendrás una revelación total de lo que ya tienes. Ésa es la razón por la que Dios va a tener que limpiar las lágrimas de nuestros ojos. No será porque padecimos cosas terribles, y que a duras penas llegamos al cielo, por lo que estaremos llorando y lamentándonos hasta que Él nos limpie las lágrimas. No, será porque cuando estemos ante Dios finalmente reconoceremos lo que tuvimos todo el tiempo.

> ***Pues tengo por cierto que las aflicciones del tiempo presente no son comparables con la gloria venidera que en nosotros ha de manifestarse.***
>
> Romanos 8:18

¡No *a* nosotros, sino *en* nosotros! Un día estaremos ante Dios y de repente sabremos todas las cosas y conoceremos como fuimos conocidos (1 Co. 13:12). Diremos: "Dios mío, ¿quieres decir que todo el tiempo tuve el mismo poder que resucitó a Jesucristo de entre los muertos en mi interior? ¿Que pude haber estado resucitando a los muertos, resolviendo esos problemas, y disfrutando de gozo, paz, y victoria todo el tiempo?" Estaremos llorando y diciendo: "¡Oh, Dios. Me lo perdí!" Él tendrá que limpiar las lágrimas de nuestros ojos y, en forma sobrenatural, ayudarnos a que disfrutemos el cielo cuando nos demos cuenta cómo le permitimos al diablo que nos oprimiera y nos destruyera en esta vida. Las riquezas de la gloria de Su herencia están en los santos.

Capítulo 12

El Mismo Poder

En Efesios 1: 19-21, Pablo oró para que nosotros tuviéramos una revelación de…

La supereminente grandeza de su poder para con nosotros los que creemos, según [el grado de] *la operación del poder de su fuerza, la cual operó en Cristo, resucitándole de los muertos y sentándole a su diestra en los lugares celestiales, sobre todo principado y autoridad y poder y señorío, y sobre todo nombre que se nombra, no sólo en este siglo, sino también en el venidero.*

(Los corchetes son míos)

Él estaba orando para que Dios nos mostrara la grandeza de Su poder que ya está en nuestro interior. Es el mismo poder que Él usó cuando resucitó a Jesucristo de entre los muertos.

Repito, Efesios 1:3 revela que Dios ya "**nos bendijo**" con estas cosas. Pablo no estaba orando que el Señor nos diera poder, o para que liberara más poder, o para que obtuviéramos una porción doble del Espíritu Santo. Él estaba orando para que recibiéramos la revelación de lo que Dios ya ha puesto en nuestro interior.

El poder que está en el interior de cada creyente vuelto a nacer es exactamente el mismo poder que Dios usó cuando resucitó a Jesucristo de entre los muertos. Satanás echó mano hasta de la última gota de fuerza que tenía para oponerse a la resurrección. Él puso todo su poder, todas sus legiones, justo enfrente de la tumba tratando de estorbar la salida de Jesucristo. Sin embargo, el poder que resucitó a Jesucristo de entre los muertos era mucho mayor que toda la fuerza del enemigo. Y ahora, como un creyente vuelto a nacer, tienes ese mismo poder en tu interior. ¡Eso es maravilloso!

"Verdaderamente Tonto"

Me gusta la manera como la mega-iglesia a la que asistimos mi esposa y yo escenifica esta verdad en la presentación anual de Semana Santa. Conforme relatan la historia de Jesucristo, uno de los actores se viste de negro y representa a Satanás. Aparece, entre otros lugares, en la escena del desierto, para tentar al Señor, y entre la multitud que se presentó ante Pilato, gritando: "¡Crucifícalo, crucifícalo!" Cuando llegan a la escena de la resurrección el diablo está afuera de la tumba empujando la piedra (que cubría la entrada a la tumba), tratando de impedirle a Jesucristo que resucitara. De repente ocurre una gran explosión. Después de que el humo finalmente se disipa, se puede ver a Jesucristo parado encima de la piedra que había sellado la tumba, y que ahora está encima de Satanás.

El diablo hizo su mejor esfuerzo, pero Jesucristo resucitó de entre los muertos y venció todo el poder del enemigo. Sin embargo, muchos Cristianos están diciendo: "Oh, Dios. ¿Podrías sanarme? ¿Podrías emplear de un poco de poder para que yo mejore?"

En una ocasión un muchacho se acercó a mí y me dijo: "Tengo molestia en el cuello, me duele la espalda y tengo neuralgia en el nervio ciático a lo largo de las piernas al grado que hace que se me entuman los pies. También estoy enfermo de los nervios", y empezó a nombrar otras cosas. Simplemente lo escuché. Luego me vio y dijo: "¿Pero sabes qué? Podría vivir con todo lo demás si Dios tan sólo me sanara del dolor que tengo en la espalda y el cuello".

Así que contesté: "Ah, comprendo lo que estás diciendo. Si le pidiéramos a Dios que sane tu cuello, tu espalda, tu sistema nervioso, tus pies—todo—las luces en el cielo podrían palidecer. No estoy seguro que Dios pueda resolver todo esto al mismo tiempo. No deberíamos pedirle tanto".

Este muchacho se me quedó viendo y dijo: "¿Lo que dije fue un poco tonto verdad?"

Yo contesté: "Así es. Dijiste algo muy tonto".

Ésta es la manera como mucha gente se dirige a Dios. Dicen: "Oh, Dios. No estoy pidiendo mucho de ti. ¿Si no es mucha la molestia, podrías usar suficiente poder para hacer esto?" Como un creyente vuelto a nacer, tienes en tu interior el mismo poder que resucitó a Jesucristo de entre los muertos. Ese poder es mayor que el que se necesitó para crear el universo. Resucitar a Jesucristo de entre los muertos es la manifestación más grande de poder en la historia del universo. Sin embargo, aquí estamos diciendo: "Dios mío. ¿Podrías sanar un resfriado?" Ha habido gente que se acerca a mí preguntando: "¿Puede Dios curar a alguien de SIDA?" Eso simplemente expresa qué tan dominado estás por la incredulidad.

Prende la Luz

Tienes en tu interior el mismo poder que resucitó a Jesucristo de entre los muertos. Todo es posible. No se trata de un problema que tenga que ver con Dios, y no es el Señor el que anda por allí prendiendo y apagando el interruptor. Él ha puesto Su generador—Su poder—en tu interior. Si no estás viendo el poder de Dios, no es porque Él no ha dado. Eres tú el que no ha prendido la luz. Eres tú el que no se ha activado ni ha desatado Su poder. Dios ya lo hizo. Por gracia, el poder ya ha sido suministrado.

Ahora, el asunto es este, ¿vas a estirar la mano por fe para tomarlo y usarlo, o continuarás pidiéndole a Dios como si Él no hubiera hecho nada? ¿Vas a continuar con una actitud de incredulidad diciendo: "Oh, Dios. Podrías actuar en mi vida", cuando La Biblia revela que Él ya actuó? ¿Vas a pedirle a Dios que rasgue el cielo, y no vas a creer que Él ya lo rasgó y que bajó a través de Jesucristo? ¿Vas a pedirle que te sane a pesar de que Él dice que por Sus llagas fuiste sanado? ¿Le vas a pedir que te dé gozo, paz, y que derrame Su amor en tu vida, a pesar de que La Palabra dice que ya tienes el fruto del Espíritu—amor, gozo, y paz? ¡Ya está en tu interior—y ésa es una buena noticia!

Cuando ministro estas verdades, la gente por lo general se pregunta: "Bueno, entonces, ¿qué diremos en la oración? ¡Me da gusto que hagas esta pregunta! En gran medida, la manera de orar del cuerpo de Cristo no revela otra cosa que incredulidad, y ésta es la razón por la que no están obteniendo buenos resultados. Sé que este tema es un tabú. Me doy cuenta que para algunas personas esto parece ofensivo. Pero la gran mayoría de Cristianos no están satisfechos con los resultados que están obteniendo. Sin embargo, se ofenden si alguien les sugiere: "No estás orando correctamente". Ellos quieren seguir haciendo lo mismo, pero desean obtener mejores resultados. Eso es una locura. Si lo que estás haciendo no está funcionando, por lo menos deberías considerar que existe la posibilidad de que estás haciendo algo mal. Serías mucho más eficaz si simplemente empezaras a agradecerle a Dio lo que Él ya ha hecho, en vez de pedirle que haga algo que no ha hecho. Se requiere fe para agradecerle a Dios.

Si tú estás actuando con fe para recibir sanidad, pero todavía no has visto o sentido la manifestación, empieza a alabar a Dios y a darle las gracias. Colosenses 2:7 revela que la acción de gracias hace que la fe abunde. Si tú empezaras a darle gracias a Dios, tu fe se fortalecería y repentinamente empezarías a obtener resultados. Dios te mostraría las cosas que debes hacer. Es mucho más fácil decir: "Oh, Padre. Gracias, gracias y gracias porque ya lo hiciste". Si inviertes suficiente tiempo meditando en lo que Él ya hizo y dándole gracias por eso, empezarás a creerlo. Y en el momento que lo crees, la gracia y la fe juntas desatarán el poder sobrenatural de Dios, y experimentarás en tu cuerpo lo que Dios ya ha provisto.

El Testimonio de Una Hermana

En una conferencia para ministros del movimiento carismático, una mujer que tenía bocio, se acercó al altar para pedir que oraran por ella. Después de la oración, ella estaba totalmente segura de que Dios la había sanado. Así que tomó la palabra enfrente de esta gran congregación y empezó a alabar a Dios porque la había sanado, aunque ella todavía tenía la glándula inflamada en el cuello. La gente alabó a Dios junto con ella y le agradecieron a ella por su testimonio, creyendo que el poder sanador de Dios la había tocado, que estaba operando, y que eventualmente se manifestaría. Así que la trataron con benevolencia y misericordia, aunque ellos todavía no podían ver ningún resultado evidente.

Al año siguiente ella regresó a la misma conferencia, tomó la palabra, y dio su testimonio diciendo: "Esta noche se cumple el primer aniversario de la curación por Jesucristo de este bocio". Sin embargo, ella todavía tenía esa cosa grande en su cuello. Esta vez, la gente no se alegró. No alabaron a Dios, porque pensaban que algo estaba mal; pero no le dieron mayor importancia.

Al año siguiente ella regresó a la misma conferencia y dijo: "Éste es el segundo aniversario de la curación realizada por Dios de esta glándula inflamada". La gente se molestó y habló con el coordinador de la conferencia y le dijeron: "¡Tienes que decirle a esa mujer que deje de testificar, porque es obvio que no ha sanado. Está haciendo el ridículo y se está burlando de las cosas de Dios. Tienes que decirle que deje de hacerlo!" Así que el coordinador del evento fue y le dijo a esta mujer: "Sólo podrás dar tu testimonio cuando la inflamación haya desaparecido".

Esta mujer habló con el Señor esa noche y dijo esta oración: "Dios, yo sé que Tú me sanaste. Creo que Tú me sanaste la noche que oraron por mí. Sé que ya está hecho. Pero estos predicadores no pueden creer, a menos que lo vean. ¿Podrías quitar esta cosa para que puedan creer que ya lo hiciste?" A la mañana siguiente, se despertó, la inflamación había desaparecido, y ella testificó: "¡Les dije que ya estaba sanada!"

No me malinterpretes. No estoy diciendo que deberíamos andar por allí dando testimonio de cosas que no se han manifestado. Sin embargo, estoy diciendo que debemos llegar al punto en que creamos lo que La Palabra dice que Dios ya hizo, con tanta firmeza, que sea irrelevante si todavía no hemos percibido la manifestación de La Palabra en nuestro cuerpo. Sabemos que es verdad.

Normal

No he llegado a la meta en esta área, pero ya arranqué. Ahora puedo decir que las cosas que veo en mi interior son más reales para mí que lo que veo en el exterior. Es la verdad.

Recuerdo que en una ocasión estaba en un servicio religioso y allí vi—en el espíritu—que el Señor estaba entrando a ese cuarto. Aunque mis ojos naturales estaban cerrados, lo que vi con los ojos de mi espíritu era muy real. Es más, hasta abrí mis ojos naturales para ver si podía verlo. Pude ver que estaba sucediendo todo lo que había visto en mi corazón, sólo que no pude ver a Jesucristo.

En mi corazón, vi a Jesucristo caminando hacia una mujer y tocarla, y a ella caer de bruces. Luego vi que Jesucristo caminaba hacia donde estaba otra dama, y que ella se arrodillaba y levantaba su brazo. Vi que el Señor empezaba a tocar a las personas una por una. Cuando abrí mis ojos, vi el efecto físico de todas estas cosas, pero no puede ver al Señor. En mi espíritu, pude ver al Señor. Pude ver todo lo que estaba sucediendo antes de que sucediera en el ámbito natural. Lo que estaba viendo con mi espíritu era más real, más vívido, y más claro que lo que estaba viendo con mis ojos. Así que finalmente simplemente cerré mis ojos, porque podía ver mejor con mi espíritu que con mis ojos naturales.

Esto debería ser lo normal y no lo anormal. Deberíamos andar por fe y no por vista (2 Co. 5:7). Podemos llegar al punto en que vemos lo que Dios ha hecho por nosotros por gracia. Luego lo aceptamos por fe y empezamos a regocijarnos. Cuando llegues al punto donde estés totalmente absorto en lo que Dios ha hecho y estés alabando a Dios por eso, entonces el ámbito físico lo reflejará casi accidentalmente, como un producto derivado. Podrías decir: "Dios, yo sé que ya soy sano, pero ¿no sería un gran testimonio para mi doctor si él pudiera verlo y pudiera comprobarlo con un estudio?" Tú no tienes que verlo para creerlo. Quieres que se manifieste para que otras personas puedan verlo.

"Lo que Tengo"

Ésta es la razón por la que podemos sanar al enfermo. La Biblia no te dice que ores por el enfermo. Aunque Santiago 5:14 menciona que si estás enfermo debes llamar a los ancianos de la iglesia para que oren por ti, en ningún otro lugar de La Biblia se te ordena que *ores* por los enfermos. Sin embargo, sí se nos ordena que *sanemos* al enfermo.

> ***Sanad enfermos, limpiad leprosos, resucitad muertos, echad fuera demonios; de gracia recibisteis, dad de gracia.***
>
> Mateo 10:8

Existe una enorme diferencia entre decir: "Eres sano en el nombre de Jesucristo. Libero el poder sanador de Dios", y decir: "Querido Padre. Si es tu voluntad, hazlo por Jesucristo, extiende tu mano y sana a esa persona". ¡Ésta es una oración tímida! No requiere fe orar así. No se está arriesgando nada.

Necesitamos actuar con fe y hablar como Pedro lo hizo cuando entró al templo con Juan. Al pordiosero cojo que les pidió limosna, él le contestó: "En este momento, no tengo nada de dinero conmigo. Dejé mi billetera en la casa, pero..."

> ***Lo que tengo te doy: en el nombre de Jesucristo de Nazaret levántate y camina.***
>
> Hechos 3:6

"Lo que tengo, te doy". La mayoría de la gente sacaría a estos discípulos de su iglesia, diciendo: "¡Cómo te atreves a decir que tú tienes el poder sanador de Dios!"

La Diferencia

El Señor sí dijo:

> ***Sin mí, no pueden hacer nada.***
>
> Juan 15:5

Yo, no soy el Sanador. El poder no es mío. Por mi cuenta no puedo sanar ni a un mosquito. Pero no estoy solo. Dios dijo que nunca me dejaría ni me abandonaría (He. 13:5). Tengo el poder sanador de Dios en mi interior—el mismo poder que resucitó a Jesucristo de entre los muertos. Por eso, puedo decir juntamente con Pedro: "Lo que tengo". Tengo el poder sanador de Dios. Y en el nombre de Jesucristo puedo ordenar que la sanidad se manifieste en la gente. Éste es un enfoque totalmente diferente.

Dios ya ha provisto todo por gracia. Ahora tenemos que tomar una actitud de fe. En vez de tratar de creer que va a suceder, debemos creer que ya es un trato cerrado. Ya lo tienes, así que deja de tratar de obtenerlo. Simplemente actúa con base en lo que Dios dice que Él ya hizo. Ésa es la diferencia entre la victoria y la derrota.

Capítulo 13

Acompáñala de Fe

La fe toma y se apropia de, lo que Dios ya ha suministrado para nosotros por gracia. No tenemos que pedir, rogar, o suplicarle a Dios. Él ya ha suministrado. Todo se reduce a que nosotros creamos y recibamos.

"Pero Andrew, ¿qué con los versículos que hablan de pedir?"

Esta es la confianza que tenemos en él, que si pedimos alguna cosa conforme a su voluntad, él nos oye. Y si sabemos que él nos oye en cualquiera cosa que pidamos, sabemos que tenemos las peticiones que le hayamos hecho.

1 Juan 5: 14,15

No está mal pedir. Dios ya ha provisto todo, así que si nos basamos en una interpretación estricta, tú no tienes que pedir nada. Sólo cree y recibe, ordena y desata el poder de Dios. Lo que armoniza estas dos actitudes está en un punto intermedio, en la actitud con que se pide.

Una Exigencia Cortés

Considera lo que Jesucristo dijo en lo que comúnmente llamamos "El Padre Nuestro".

Vosotros, pues, oraréis así: Padre nuestro que estás en los cielos, santificado sea tu nombre. Venga tu reino. Hágase tu voluntad, como en el cielo, así también en la tierra. El pan nuestro de cada día, dánoslo hoy.

Mateo 6: 9-11

"El pan nuestro de cada día, dánoslo hoy" es pedirle a Dios que satisfaga tus necesidades diarias. Sin embargo, no es "¿Podrías, por favor darnos este día nuestro pan?" preguntándote si lo hará. No, más bien es una exigencia. Es como el niño que le dice a su mamá a la hora de comer: "¿Puedo comer algo?"

¿Qué pensarías si estuvieras de visita en mi casa y mis niños fueran pequeños, y uno de ellos entrara, se arrodillara enfrente de mí, y con las manos juntas dijera: "Padre. Soy tan impío, y sé que no lo merezco, pero podrías darme un pedazo de pan"? Si empezaran a rogarme de esa manera, tú pensarías: "Algo está mal en esta casa".

Un niño, si ha sido educado correctamente, no va entrar bruscamente y a decir: "¡Dame algo de comer!" Eso también está mal. Podría decir: "Por favor, ¿podrías darme algo de comer?" Está haciendo una pregunta, pero en realidad no es una pregunta. El niño sabe que lo amas. Sabe que vas a satisfacer su necesidad. Así que en realidad lo está exigiendo. Pero simplemente lo está haciendo de una manera considerada y amable.

No estoy diciendo que nunca reconozcamos nuestra necesidad o hagamos una petición, diciendo: "Dios mío, necesito que me proveas de algo". Sin embargo, no es una petición implorante. No es una petición que tenga signos de interrogación porque estés dudando que Dios lo hará. Simplemente es una manera cortés para acercarnos a Dios y decirle: "Padre, sé que Tú ya has suministrado lo necesario para todas mis necesidades. Estoy listo para recibir. ¿Lo puedo obtener ahora?"

¿Mendigo o Creyente?

No está mal pedirle algo a Dios con una actitud de fe. Pero lanzar una petición al aire sin saber si Dios la va a contestar o no, pensando que tienes que caminar de rodillas, rogando y suplicando, es un concepto religioso que es absolutamente contrario a lo que Las Escrituras enseñan.

Imagínate que en este momento me acerco a ti diciéndote: "Después de que termines de leer este capítulo, te daré las llaves de mi carro. Puedes usarlo para ir a donde quieras y hacer lo que quieras". Si te hice esa promesa, entonces después de terminar de leer este capítulo te acercarías a mí y me dirías: "¿Me puedes dar las llaves de tu carro?" Tú podrías hacer eso de diferentes maneras. Podrías estar pensando: "¿Verdaderamente me permitirá Andrew usar su coche?" No lo puedo creer. No estoy seguro que sea verdad. ¿Verdaderamente lo hará? Así que te acercas a mí y me dices: "¿Me puedes dar las llaves de tu carro?" como si dijeras: "¿verdaderamente esto es verdad? ¿Verdaderamente harás esto?" Eso es incredulidad. O podrías decir: "¿Me puedes dar las llaves de tu carro?" con una actitud de que verdaderamente me crees, y todo lo que estás haciendo es decir: "Ahora estoy listo. Tú lo dijiste. Aquí estoy pidiéndotelo. ¿Me puedes dar las llaves de tu carro?"

Puedes decir exactamente las mismas palabras, pero con motivos diferentes. Tú podrías simplemente pedir algo, confiando en que lo que dije es verdad. O podrías estar haciendo una declaración de incredulidad. Es precisamente esta incredulidad la que he estado contrarrestando.

La gente ora: "Señor, si es tu voluntad, por favor tócame y actúa en mi vida". ¡No! Sí es la voluntad del Señor. Él ya ha suministrado todo. En vez de acercarnos al Señor como mendigos, necesitamos ser creyentes que confiamos en Sus promesas, y que con seguridad y gratitud aprovechamos lo que Él ya ha suministrado para nosotros. ¡Ésa es una verdad poderosa!

Debemos Tener Cuidado

Fue esta actitud de incredulidad la que impidió que los Judíos recibieran la provisión de Dios y que entraran a la Tierra Prometida.

> ***Y vemos que no pudieron entrar a causa de incredulidad.***
> Hebreos 3:19

Repito, cualquiera que crea que la voluntad de Dios se llevará a cabo automáticamente, tiene que desconectar su mente para leer La Biblia. No era la voluntad de Dios que los hijos de Israel se pasaran cuarenta años en el desierto después de que salieron de la tierra de Egipto. Esto sucedió por su incredulidad (Nm. 13-14; Sal. 78:40-41). La voluntad de Dios no se realizó porque ellos no cooperaron con fe. Ellos no entraron a la Tierra Prometida. La generación que salió de Egipto murió en el desierto, por su incredulidad nunca vio que la voluntad de Dios para ellos se manifestara.

> ***Mientras siga en pie la promesa de descansar con Dios, debemos tener cuidado. Sería una lástima que alguno de ustedes no pudiera recibir de Dios ese descanso.***
> Hebreos 4:1 (Biblia en Lenguaje Sencillo)

Éste versículo es inútil para aquellos que dicen que Dios hace todo soberanamente y que nada sucede sino lo que es Su voluntad. Hebreos 4:1 está diciendo que necesitas tener cuidado y ser consciente. Tienes que ser diligente porque podrías perderte de la voluntad de Dios para ti. Este versículo sería una afirmación inútil si Dios automáticamente hiciera todo y nada sucediera sino lo que es Su voluntad. Aunque hoy en día esta doctrina de que Dios es responsable de todo y que controla todo predomina en la iglesia, este versículo está diciendo justamente lo opuesto. Tú tienes que temer—tener cuidado, ser consciente, ser diligente—porque sería una lástima que te perdieras de algo que Dios ya ha provisto para ti.

No Endurezcas Tu Corazón

Porque también a nosotros se nos ha anunciado la buena nueva como a ellos; pero no les aprovechó el oír la palabra, por no ir acompañada de fe en los que la oyeron.

Hebreos 4:2

Esto es exactamente de lo que hemos estado hablando. Dios por gracia, ya había provisto un plan para ellos. Él le prometió a Abraham en Génesis 15 que Él sacaría a sus descendientes de la tierra de Egipto y que les daría toda la tierra de Canaán y también las naciones adyacentes (Gn. 15:18-21). Dios prometió eso cuatrocientos y treinta y cinco años antes de que sucediera. Cuando Él finalmente sacó a la gente, ellos no tenían fe en Su propósito ni en Su plan. Esa generación nunca vio que la promesa se realizara. Murieron en el desierto. Salieron de la tierra de Egipto, pero murieron en el desierto por su incredulidad.

Tú tienes que mezclar fe con lo que Dios quiere que hagas. Debes escuchar y obedecerlo. Tienes que creerle a Dios para poder ver que sus promesas se realicen en tu vida.

Pero los que hemos creído entramos en el reposo, de la manera que dijo: Por tanto, juré en mi ira.

Hebreos 4:3

Luego el escritor empezó a citar partes del Salmo 95, al que también se hizo referencia en Hebreos 3.

Entre tanto que se dice: Si oyereis hoy su voz, no endurezcáis vuestros corazones, como en la provocación.

Hebreos 3:15

Si oyereis hoy su voz, no endurezcáis vuestro corazón, como en Meriba, como en el día de Masah en el desierto,

Donde me tentaron vuestros padres, me probaron, y vieron mis obras. Cuarenta años estuve disgustado con la nación, y dije: Pueblo es que divaga de corazón, y no han conocido mis caminos. Por tanto, juré en mi furor que no entrarían en mi reposo.

Salmo 95: 7-11

El Descanso del Sábado

Esas cosas se citaron en Hebreos 3. Así que en Hebreos 4, el escritor se estaba refiriendo una vez más al versículo que David escribió inspirado por el Espíritu Santo. De eso es de lo que se está hablando en Hebreos 4:3, que dice:

Pero los que hemos creído entramos en el reposo, de la manera que dijo: Por tanto juré en mi ira, no entrarán en mi reposo, aunque las obras suyas estaban acabadas desde la fundación del mundo.

Esto une el reposo del que hablaba el Salmo 95 con el reposo del Sábado que tomó Dios en Génesis 2:2. Después de que Él creó los cielos y la tierra, Dios reposó de todas sus obras.

Porque en cierto lugar dijo así del séptimo día: Y reposó Dios de todas sus obras en el séptimo día.

Hebreos 4:4

Eso se refiere a Génesis 2:2

Por lo tanto, puesto que falta que algunos entren en él, y aquellos a quienes primero se les anunció la buena nueva no entraron por causa de desobediencia, otra vez determina un día: Hoy, diciendo después de tanto tiempo, por medio de David, como se dijo: Si oyereis hoy su voz, No endurezcáis

vuestros corazones.

Hebreos 4: 6,7

En resumidas cuentas, ésta es una manera de decir: "No seas como los Judíos que se perdieron de algo que Dios proveyó". Ellos citan este versículo donde David dice que queda un descanso para la gente de Dios. El escritor retrocede hasta el primer libro de La Biblia y dice que esto es la misma cosa de la que Dios habló en Génesis 2 cuando Él descansó de todas Sus obras en el séptimo día. Luego estos versículos dicen que este descanso, esta relación especial, no se cumplió cuando los Judíos ocuparon la tierra de Canaán, porque David apareció más de cuatro siglos después y dijo en el Salmo 95 que todavía quedaba un reposo para la gente de Dios.

Tipo y Sombra

El punto que este pasaje está estableciendo es que este reposo espiritual no se cumplió cuando los Judíos ocuparon la tierra prometida, porque más de cuatrocientos años después David dijo que todavía quedaba un reposo para la gente de Dios.

Porque si Josué les hubiera dado el reposo, no hablaría después de otro día.

Hebreos 4:8

Esto está diciendo que si Josué, el mismo que guió a los hijos de Israel hacia la Tierra Prometida, hubiera cumplido la promesa de que hay un reposo para la gente de Dios, entonces cientos de años después David no habría hablado de este reposo que todavía estaba por cumplirse.

Este pasaje revela que el reposo que estos versos estaban prometiendo no se cumplió cuando los Judíos ocuparon la tierra de

Canaán. Está diciendo que queda un reposo reservado para la gente de Dios, y que eso se refiere a nosotros hoy en día como creyentes del Nuevo Testamento.

> ***Porque si Josué les hubiera dado el reposo, [David] no hablaría después de otro día. Por tanto, queda un reposo para el pueblo de Dios. Porque el que ha entrado en su reposo, también ha reposado de sus obras, como Dios de las suyas.***
>
> Hebreos 4: 8-10 (Los corchetes son míos)

Esto se vuelve a referir a la creación, cuando Dios reposó en el séptimo día. El reposo de Dios—reposo del Sábado—era una imagen, un tipo y una sombra de lo que estaba por venir.

Capítulo 14

Dios Previó

Hasta donde yo sé, en todas Las Escrituras sólo hay dos lugares en los que se dio una razón para el día de reposo. En el Antiguo Testamento, Éxodo 20:8-11 dice que era para que descansaras tú, tu familia, tus sirvientes, y tus animales. El segundo lugar en el que el día de reposo se menciona y se da una explicación de porqué Dios lo dio, se encuentra en Colosenses.

> ***Nadie os juzgue en comida o en bebida, o en cuanto a días de fiesta, luna nueva o días de reposo, todo lo cual es sombra de lo que ha de venir; pero el cuerpo es de Cristo.***
>
> Colosenses 2: 16,17

El verso 17 revela que los cinco puntos mencionados en el verso 16, incluyendo el día de reposo, eran una sombra de algo que estaba por venir. Y los tipos, sombras, imágenes, y símbolos son muy importantes si no tienes la cosa real enfrente de ti.

Por ejemplo, imagínate que nunca me has visto con anterioridad. Si alguien dibujara un retrato mío y te lo mostrara podrías darte una idea de cómo me veo. Pero ¿por qué habrías de continuar viendo mi retrato si yo estuviera parado enfrente de ti? Un retrato es útil sólo si la persona no está allí.

Si estuviera parado a la vuelta de la esquina de un edificio donde tú estás, no podrías verme, pero podrías ver mi sombra. Mi sombra podría darte mucha información sobre mí. Aunque no pudieras verme, por mi sombra podrías deducir si estoy parado, o si estoy acercándome hacia ti o alejándome de ti, o saltando de arriba a abajo; podrías darte una idea de si soy gordo o flaco, alto o chaparro. Pero si le diera la vuelta a la esquina de este edificio y me pudieras ver, ¿qué pensarías de una persona que se postrara ante mi sombra, tratando de abrazarla y saludarla? Si no me puedes ver, mi sombra es lo que más se acerca a la realidad de quien soy. Pero si estoy aquí a plena vista, ¿por qué habrías de seguir viendo mi sombra?

Una Realidad del Nuevo Testamento

En Colosenses 2: 16-17, la Biblia dice que estas cinco cosas—una de las cuales es el día de reposo—eran una sombra de las cosas por venir, más no la representación exacta de esas cosas. Simplemente eran una sombra. Sin embargo, hoy por hoy tenemos Cristianos que están tratando de observar el Sábado como día de reposo. Hay iglesias enteras que están basadas en la observancia del Sábado como día de reposo. Hacen que se observe de una manear inflexible. Ellos predican que tú violas el mandamiento de guardar el día de reposo si trabajas el Sábado. Sin embargo se han perdido todo el simbolismo del día de reposo.

El Sábado no representa un día. Se observaba en el Antiguo Testamento, pero ahora es una realidad del Nuevo Testamento. Eso es de lo que Hebreos 4 está hablando. El Sábado era una imagen del descanso—de una relación con Dios en la que estás confiando en la obra completa de Cristo y no en tu propio esfuerzo y comportamiento. Para comprobar esto, el escritor del cuarto capítulo de Hebreos empezó a hablar del Sábado que el Señor instituyó.

> ***Y acabó Dios en el día séptimo la obra que hizo; y reposó el día séptimo de toda la obra que hizo. Y bendijo Dios al día séptimo, y lo santificó, porque en él reposó de toda la obra que había hecho en la creación.***
>
> Génesis 2: 2,3

Cuando el Señor creó los cielos y la tierra, hubo orden en la manera como Él creó las cosas. Él no creó al hombre en el primer día de la creación. El hombre era la joya de la corona de toda la creación de Dios. ¿Por qué no creó al hombre primero? ¡Porque las cosas no estaban listas para él! Si Dios hubiera creado al hombre en el primer día de la creación, el hombre habría tenido que caminar por el agua por cuatro días antes de que hubiera algo de tierra en donde pudiera pararse. Luego, una vez que hubo tierra y que Dios declaró la existencia de los árboles, el hombre habría tenido que evadir todos los árboles maduros que estaban brotando por todos lados. Contrario a lo que la teoría de la evolución dice, estos árboles no empezaron como plantas y crecieron gradualmente; esto no se tomó millones y miles de millones de años. Aunque Dios creó estas cosas en los primeros días, todavía no estaba todo listo para el hombre.

Provisto con Abundancia

El Señor esperó a que toda la creación estuviera terminada antes de crear al hombre. Los árboles frutales fueron creados totalmente crecidos. Ya tenían fruta. El hombre no tuvo que esperar siete años para que esos árboles empezaran a producir fruta. Dios creó un mundo perfecto para el hombre. Había tierra en la que podía pararse, comida para comer, aire para respirar, y la temperatura era perfecta. Dios hizo a los animales para el disfrute del hombre. Él hizo todo perfecto.

> ***Llamó Dios a la luz Día, y a las tinieblas llamó Noche. Y fue la tarde y la mañana un día...Y fue la tarde y la mañana el día segundo.***
>
> Génesis 1: 5,8

Los Hebreos cuentan el tiempo desde el atardecer de un día hasta el atardecer del día siguiente. No lo cuentan de la medianoche de un día hasta la medianoche del día siguiente. Lo cuentan de una tarde a la tarde del día siguiente.

Así que en el primer día, el Señor empezó al atardecer y continuó hasta el día siguiente. Luego, justo antes del atardecer, al final del sexto día, creó al hombre. Dios creó al hombre al final de toda Su creación. Él ya había creado toda la comida. Todo le pareció perfecto. Luego, inmediatamente, Dios reposó y entró al séptimo día. Así que el hombre fue creado justo antes del Sábado, y el hombre entró al Sábado de Dios, donde todo ya había sido suministrado con abundancia.

Dios no creó al hombre en el primer día de la creación. El hombre no tuvo que caminar por el agua, ni tuvo que esperar por varios días a que Dios creara la tierra para que él pudiera pararse y la comida para que pudiera comer. Dios había previsto todas las necesidades, no sólo las de Eva y Adán, sino también las de toda la raza humana. Dios previó la necesidad de todo el petróleo que estamos extrayendo del subsuelo, y lo puso allí. Dios ha creado todo lo que necesitamos. Si la población de este planeta fuera diez veces la actual, no habría problema; Dios ha hecho que la tierra sea capaz de sustentarnos. Él ha previsto todo.

Dios Reposó

Dios no está creando cosas hoy. Él no está haciendo plantas nuevas, animales nuevos, o gente nueva.

> ***Dijo Dios: Produzca la tierra hierba verde, hierba que dé semilla; árbol de fruto que dé fruto según su género, que su semilla esté en él, sobre la tierra. Y fue así.***
>
> Génesis 1:1

Dios no dijo: "Haya árboles. Haya fruta". Si Él hubiera dicho eso y no hubiera creado una manera para que se reprodujeran, entonces el Señor hubiera tenido que crear nuevos árboles cada vez que uno viejo muriera para mantener el equilibrio. Él habría tenido que decir:

"Haya un millón de vacas nuevas hoy", y Él habría tenido que crear vacas nuevas. Pero cuando Él creó los animales, dijo:

> ***Fructificad y multiplicaos.***
>
> Génesis 1:22

Dios le dio a las plantas, a los animales y a la gente—a todo— la capacidad de reproducirse. Cuando Dios terminó la creación diciendo: "Todo es bueno en gran manera", y luego reposó, no fue meramente simbólico. Dios, literalmente, no ha creado nada desde la creación original. La creación se perpetúa a sí misma.

Dios lo creó de esta manera, así que cuando Él descansó, literalmente dio por terminada Su obra. Estaba consumada. Esto no significa que Él descansó porque estaba cansado. No significa que si creaba una luna más eso hubiera hecho que Dios se desmayara de puro cansancio; que ya no le quedaba energía para crear una vaca, o un caballo, o un árbol más. No, no es esa clase de descanso. Es como un artista que ha pintado una hermosa pintura. Todo es perfecto. Un toque más con el pincel la arruinaría. Así que el artista suelta los pinceles y descansa de su obra, no porque está cansado de agarrar el pincel, sino porque su obra maestra ya está completa. Está hecha. Está terminada. En este sentido, Dios descansó.

El Señor no se cansa como el hombre (Is. 40:28). Él descansó porque todo estaba perfecto. Cuando el hombre apareció y dijo: "Señor, tengo hambre", Dios no tuvo que decir; "Oh, no había pensado en eso. Mira, déjame crear un árbol frutal para que puedas comer algo". El Señor no respondió a la necesidad del hombre diciendo: "Muy bien. Permíteme crear algo para ti". No, Él había previsto toda necesidad, y después reposó. El hombre no tuvo que pedirle a Dios nada. Todo lo que el hombre tuvo que hacer fue extender la mano y tomar lo que Dios ya había creado y decir: "Gracias". Esto es a lo que se referían el descanso y la imagen del día de descanso del Antiguo Testamento.

"Confía en Mí Para Todo"

Dios le dijo a Su gente que apartaran un día a la semana mientras todos los demás estaban trabajando hasta quedarse con la lengua de fuera. En el ámbito natural, eso no tiene sentido. "¿Cómo puedo prosperar tanto como otras personas que trabajan siete días por semana si yo solamente trabajo seis?" Si solamente eres tú y tu esfuerzo, no puedes. Pero si es Dios bendiciendo la obra de tus manos, sí puedes. Si Dios es tu fuente de provisión, y tú estás confiando en Él y obedeciéndolo, entonces tomar un día a la semana de cada siete en realidad te hará prosperar más que lo que progresen todas esas personas que solamente confían en su propia capacidad. Como la fe estaba involucrada, los Judíos prosperaron más que todas las naciones a su alrededor, aunque ellos tomaban un día de cada siete para el descanso.

De acuerdo a Levítico 25, Dios también les dijo que tomaran un año de cada siete. Él les prometió bendecirlos, y con la exactitud de un reloj, los bendecía con tres veces la cosecha normal en el sexto año, porque ellos estaban descansando y confiando en Él. Esa triple cosecha sobrenatural del sexto año los abastecía durante el final de ese sexto año, todo el séptimo año cuando descansaban, y en el octavo año mientras plantaban y esperaban la cosecha. Esto es lo que el Sábado representaba. El meollo del asunto nunca fue observar un día específico. El Señor odia esta actitud en la gente que sólo le sirve un día a la semana. A través de la imagen del Sábado, el Señor quería comunicarle a su gente esta verdad: "Yo soy tu proveedor. Confía en Mí para todo".

Hoy muchas personas están haciendo que otros cumplan con la observación de un día. Yo crecí en un hogar que era algo legalista. No éramos tan legalistas como otros, pero no cortábamos el pasto, ni lavábamos los platos, ni hacíamos quehaceres en domingo. Para nosotros, ése era el día de reposo.

Hoy yo sé que el domingo no es el día de reposo. Algunas personas que se dieron cuenta de esto, simplemente cambiaron el día al sábado (por ejemplo, los Adventistas del Séptimo Día). Sin embargo, continúan perdiéndose del verdadero significado. La razón por la que la iglesia empezó a reunirse en domingo fue que éste era el día que Jesucristo resucitó de entre los muertos. Tenía la revelación de que hemos sido redimidos de los tipos y las sombras del Antiguo Testamento. Ahora que estamos viviendo en la realidad de poner nuestra confianza en Jesucristo, la iglesia estableció una separación clara entre la ley del Antiguo Testamento y el Nuevo Testamento.

Sin embargo muchos Cristianos del Nuevo Testamento hoy por hoy todavía piensan que deben observar el Sábado de una manera legalista. Se sienten culpables si salen y hacen ciertas cosas en el día de descanso. Algunas personas observan el día de reposo en Sábado; otros en domingo. Hay quienes son unos tiranos con la observancia del día de descanso. Yo acostumbraba tomar una ruta diferente que añadía cuarenta y cinco minutos más a mi trayecto, con tal de no tener que pasar por la caseta de cobro y pagarle a alguien para que trabajara el domingo.

"Dependo de Ti"

En el comienzo de mi ministerio, organicé una reunión de avivamiento un domingo por la mañana. Unas personas querían invitarme a comer, pero les dije: "¡De ninguna manera! No voy a salir a comer y a ayudarle a alguien a trabajar en el día de reposo. Me niego a ayudarle a alguien a profanar el día de reposo". Era un grupo numeroso de personas que estaban dispuestas a llevarme a comer. Se fueron solos, porque yo no fui.

A lo mejor estás pensando: "Eso es un poco legalista". Yo diría que te quedas corto. Vamos, si vas a creer, créelo. Si quieres retroceder para observar el día de reposo del Antiguo Testamento, entonces sería más adecuado que lo hicieras como lo hacían los fariseos. Ellos contaban el número de pasos que podías dar el Sábado.

Probablemente Juan el Bautista fue educado por los Esenios, las mismas personas que escribieron los Rollos del Mar Muerto. Sus escritos revelan que defecar en el día de reposo se consideraba como trabajo. Por lo tanto, desde su punto de vista, era en contra de la ley.

Si vas a creerlo, créelo. Es hipocresía estar bajo la ley y solamente observar una pequeña parte de ésta. O estamos bajo la ley del Sábado, o no lo estamos.

El día de reposo sólo era una imagen del hecho de confiar en Dios al grado de interrumpir tus propias obras diciendo: "Dios, creo que Tú eres mi proveedor. No voy a depender solamente de mis esfuerzos. Voy a depender de ti". Esto es lo que estaba representando.

Entra en Su Reposo

Dios creó todo, y reposó. Él no tiene que crear comida para que comas, o aire para que respires. Él creó la tierra de tal manera que los árboles limpian el aire para que haya una provisión constante de oxígeno. Dios ya no tiene que crear nada nuevo para nosotros. Él ya previó nuestras necesidades, y ya hizo todo. Ahora hemos entrado en Su reposo. Estamos obteniendo beneficio de todas las cosas que Dios creó cuando previó las necesidades de toda la raza humana.

Ésta es la razón por la que estoy en serio desacuerdo con la gente que dice que estamos destruyendo la tierra. En realidad, es una ofensa a Dios pensar que el hombre puede abrumar, sobreexplotar, y destruir esta tierra que Él creó. Por ejemplo, respecto al volcán de *St. Helens,*[1] los expertos dijeron que se tardaría diez mil años para regenerarse. En el lapso de tres años, la montaña hizo lo que pensaban que se tardaría diez mil años. La tierra tiene la capacidad de regenerarse y limpiarse por sí misma. Un arroyo contaminado se purificará a sí mismo en un corto período de tiempo si dejas de contaminarlo. Esta actitud profana e impía ha exaltado al hombre a la categoría de Dios, y el papel de Dios ha sido eliminado o reducido drásticamente. Los que adoptan esta actitud no se dan cuenta que Dios previó todo lo que podríamos hacer.

Esta tierra no será destruida por nosotros. Dios la destruirá con un fuego consumidor. Nosotros no nos vamos a destruir a nosotros mismos.

Dios lo previó todo. Él hizo todas estas cosas, y nosotros simplemente hemos entrado a Su reposo. Nos estamos beneficiando de lo que Dios creó hace miles de años. Ya está terminado. Todo lo que estamos haciendo es tomar y apropiarnos de lo que Dios ya proveyó. Eso es lo que el Sábado representaba.

[1] N.T. (Es un volcán que hizo erupción en 1980).

Capítulo 15

Esforzarse Para Descansar

En el Nuevo Testamento, ahora tenemos la realidad que el día de reposo representaba. Estamos descansando y confiando en lo que Dios ha hecho a través del Señor Jesucristo. Ahora tenemos una relación con Dios, y Él ya ha provisto todo lo que necesitaremos.

Antes de que tú necesitaras la sanidad, Dios ya te había sanado.

Por cuya herida fuisteis sanados.

1 Pedro 2:24

Tú no tienes que pedirle a Dios que te sane. No tienes que hacer algo, para que, como respuesta, Dios te sane. No, la sanidad ya ha sido suministrada. Todo lo que tienes que hacer es recibirla, y decir: "Gracias".

Tú no tienes que pedirle a Dios que te bendiga. El Señor ha enviado su bendición sobre todo lo que haces. Antes de que fueras vuelto a nacer, antes de que tuvieras una necesidad, la bendición de Dios ya estaba sobre ti. Tú no tienes que rogarle a Dios por tu provisión. Simplemente descansa en Su presencia y confía en Él, diciendo: "Padre, yo sé que ya has satisfecho mis necesidades". Esto es lo que el Sábado representaba. Éste es el descanso del que Hebreos 4 habla.

Hoy en día, muy pocos Cristianos están confiando en lo que Jesucristo ya proveyó. En lugar de eso, están operando con esta forma de pensar: "Oh, Dios. Tengo este problema. Necesito que hagas algo al respecto". Están esperando que Dios cree algo, que actúe, que haga algo nuevo para satisfacer su necesidad. No comprenden que Dios previó su necesidad. Ellos no están confiando en el Señor, que es a lo que Hebreos 4 de refiere.

Padre, Está Hecho

Después de decir todas estas cosas, el autor de Hebreos dijo:

> ***Porque el que ha entrado en su reposo, también ha reposado de sus obras, como Dios de las suyas.***
>
> Hebreos. 4:10

En otras palabras, has cesado de tratar de hacer que Dios haga algo. Has cesado de tratar de hacer que Dios te bendiga. Has cesado de tratar de ganar Su favor. Y ahora simplemente estás descansando porque sabes que la verdad es que: "Padre, a través de Jesucristo, Tú ya has suministrado todo". De la misma manera como Dios creó todo, y Él hoy no tiene que crear plantas, animales, o gente nuevos (todo eso es el resultado de Su creación original), el Señor hizo una nueva creación—y esa nueva creación somos nosotros.

> ***De modo que si alguno está en Cristo, nueva criatura es; las cosas viejas pasaron; he aquí todas son hechas nuevas.***
>
> 2 Corintios 5:17

Somos una nueva creación en nuestro espíritu vuelto a nacer. Y en esta nueva creación, cuando necesitamos ser sanados, Dios no tiene que sanarnos. Eso ya está en nuestra parte espiritual. Cuando necesitamos prosperar, Dios no tiene que ayudarnos a prosperar. Él ya ha enviado Su bendición y Su prosperidad hacia nuestro hombre espiritual. Él nos ha bendecido con todas las bendiciones espirituales en los lugares celestiales. Ahora, en la nueva ceración a través de Jesucristo, todo ya está hecho.

La clave para la vida Cristiana es aprender a reposar. Confía y di: "Padre, ya está hecho. Mi chequera dice que estoy en la quiebra, y estoy a punto de gritar y de chillar. Siento un deseo intenso de empezar a orar, ayunar, y hacer algo para lograr que Tú actúes. Sin embargo, voy a descansar y a confiar en Tu Palabra. Tu Palabra dice que Tú ya has satisfecho todas mis necesidades. Ya me has bendecido. Ya has enviado tu bendición sobre mí. Soy más bendecido que otras personas". La vida Cristiana consiste en aprender a descansar, y no en aprender a trabajar y a hacer algo para que Dios actúe. Eso es de lo que este pasaje está hablando.

Confiar y Tener Confianza

Si tú has entrado en Su reposo, entonces tus esfuerzos propios han cesado. Ya no eres tú el que está haciendo algo para que Dios actúe. Ahora eres el que está aprendiendo a confiar en la verdad de que Dios ya lo ha hecho.

> ***Por tanto, esforcémonos por entrar en ese reposo, no sea que alguno caiga siguiendo el mismo ejemplo de desobediencia.***
> Hebreos 4:11 (La Biblia de las Américas)

Esto suena como un oxímoron—una unión de dos palabras de significado opuesto. ¿Cómo te esfuerzas para reposar? Esto no habla de flojear, ni de irte a dormir, ni de hacer nada. Esto habla de cesar de hacer tus propias obras, de pensar que tienes que ganarte el favor de Dios. Es cesar de pensar que tienes que hacer algo que motive a Dios para que te ame y que conteste tus oraciones.

Decir esto: "Oh, Dios. ¿No amas a esta persona? He estado orando por ella por veinte años. Dios mío, ¡haz algo!", no es descansar. Tú piensas que eres el que está motivando a Dios, y que si no fuera por tu intercesión, el Señor permitiría que la gente se fuera al infierno porque a Él no le importa. Si tú piensas que es tu poderosa intercesión la que está haciendo que Dios actúe, estás confiando en tu propio esfuerzo. No estás confiando en Él.

Reposar simplemente es confiar en Dios. Es decir: "Señor, Tú amas a esta persona más de lo que yo podría amarla. Padre, Tú ya has suministrado salvación para ella, así que yo sé que ésta es Tu voluntad, te agradezco que Tu voluntad se va a manifestar. Aquí estoy. Úsame. Si puedes darme una oportunidad para hablarle de Tu amor y de tu Palabra a esta persona, yo voy a actuar". Así es como oras por la gente que no es salva. No le supliques a Dios como si dependiera de Él que se salven o no. Él no es el que determina quien se salva. Dios ya suministró la provisión. Él la suministró para todo el mundo, pero cada persona tiene libre albedrío. Así que debes convertirte en un conducto para que Dios fluya.

Confía en Dios

Cuando tú comprendes el significado correcto del reposo, te das cuenta que éste representa un esfuerzo. Debes esforzarte para descansar. Cuando el banco te está llamando y te dice: "Tu chequera está en números rojos, y tu esposa te ha estado diciendo: ¡Haz algo!" se requiere esfuerzo para decir: "Mi fe está en Dios. Voy a hacer lo que Él me dijo que hiciera. Confío en Él y no me voy a llenar de temor. Me niego a salirme del reposo De Dios. No voy a temer". Cuando el doctor dice que vas a morir, se requiere esfuerzo para poder responder: "Eso no es lo que La Palabra dice. Por Sus llagas fui sanado. ¡Fui sanado!. No voy a ser sanado. Ya fui sanado. Él ya suministró la sanidad, no me voy a aterrorizar. Me niego a ceder al temor". Se requiere esfuerzo para que reposes de esa manera.

Ésta es la razón por la que estudiamos La Palabra. No estudiamos La Palabra para hacer que Dios nos sane. Estudiamos La Palabra para descubrir que Dios ya nos ha sanado, para calmar nuestros temores, y para anclar nuestra fe. Entonces podemos decir: "¡Padre, estoy actuando con base en este conocimiento que tú me has dado, y no voy a cambiar!" Esto requiere esfuerzo.

En el área del dinero, todavía estoy aprendiendo y madurando; todavía no he superado todos los obstáculos. Sin embargo, estoy viendo la provisión de Dios como nunca la había visto en mi vida. Para principios del año 2009, los ministerios Andrew Wommack debían tener un ingreso de más de $20 millones de dólares sólo para cubrir los gastos. Y nosotros regalamos nuestros productos. Si tú tuvieras que pensar en esto, y tomaras la responsabilidad de obtener este dinero, eso podría quitarte el sueño. Debo obtener alrededor de $2,000 dólares por hora, las veinticuatro horas al día, los 365 días del año. Esto está más allá de mis capacidades, y tengo que esforzarme para reposar. Tengo que mantener mi atención en Dios, diciendo: "Señor, esto es lo que Tú me pediste que hiciera. Tú eres el que me dijo que hiciera esto. Por lo tanto es tu responsabilidad y no la mía". En realidad, mientras más se incrementan las necesidades del ministerio, se me hace más fácil reposar. Podrías pensar que es lo contrario, pero no es así.

En la época en que éramos un ministerio pequeño, recuerdo que estábamos atravesando una etapa difícil en nuestra economía. Una noche tuve un sueño. En este sueño, renunciaba al ministerio y me alistaba en la Fuerza Aérea del ejército. Con el salario que iba a recibir, iba a pagar todas las deudas que había contraído en el ministerio. A lo mejor podría tardarme años, pero podría—finalmente—pagarlas. Soy una de esas personas que sueñan a todo color. Mis sueños me parecen tan reales que a veces se me hace difícil determinar si estoy soñando o no. Esa noche, me desperté con un sobresalto. Permanecí allí en la cama pensando: "Ah, solamente era un sueño. Gracias Jesucristo, que no tengo que alistarme en la Fuerza Aérea del ejército". Luego Jamie se volteó y me dijo: "No tenía nada de malo que tuvieras que alistarte en la Fuerza Aérea". Mi corazón empezó a latir con rapidez mientras pensé: "¡Dios mío, no fue un sueño!" Luego me di cuenta que había estado hablando dormido y que ella había escuchado todo el asunto.

Cuando éramos un ministerio pequeño y teníamos $20,000.00 dólares en deudas, podía pagar eso, si era necesario. Pero en el nivel en que estamos operando hoy, no puedo pagar millones y millones de dólares de endeudamiento. Así que en realidad, es más fácil para mí reposar ahora porque esto está más allá de mis capacidades. Es como si dijera: "Dios, si Tú no resuelves el problema, hasta aquí llegue". Así que no me he preocupado por dinero en años. No representa un problema porque es algo que está fuera de mi capacidad. Tengo que depender de Dios.

¡Haz algo!

Nuestra carne quiere participar y quiere decir: "Muy bien, ¿qué tengo que hacer? Dios, voy a hacer algo". Luego empiezas a orar, a ayunar, o a hacer algo más para lograr que Dios intervenga. Cada vez que haces eso, te has alejado de la fe en lo que Dios ya ha hecho y te has acercado al ámbito del legalismo y de las obras, donde tú vas a hacer algo para hacerte merecedor. Vas a hacer algo para que Dios se vea obligado a intervenir. En el momento en que has hecho eso, te has apartado de la gracia y de la fe, y te has adentrado en el legalismo. Lo que verdaderamente ofende a Dios no es tu pecado, sino la justicia propia, y la dependencia de ti mismo. Ya no necesitas un salvador, sino que tú vas a hacer algo y vas a depender de ti en vez de depender de Jesucristo. Ésa es la ofensa más grande que pudieras cometer.

En cierto sentido, tú estás diciendo: "Jesucristo no es suficiente. Tengo que hacer algo para motivar a Dios. Él tiene que actuar en mi vida por lo que he hecho". Dios ya ha suministrado todo. El día de reposo ilustraba esto. De la misma manera como Dios creó todo para el hombre—y todo lo que el hombre tenía que hacer era estirar el brazo y recibir—así es ahora en la nueva creación. Dios ya ha provisto todo para ti. Solamente se trata de tomarlo y apropiarte por fe de lo que Dios ya ha provisto por gracia.

Esto va a requerir algo de esfuerzo. Vas a tener que estudiar La Palabra. El objetivo no es impresionar a Dios con tu estudio de La

Palabra ni hacer que actúe porque te has portado como un santo al hacer esto. Tú necesitas estudiar La Palabra para renovar tu mente. No vas a escuchar a mucha gente que diga lo que estoy diciendo. No vas a obtener este conocimiento viendo las telenovelas. Vas a tener que adentrarte en La Palabra de Dios y asistir a servicios religiosos. Vas a tener que apagar la televisión y empezar a estudiar La Palabra. Vas a tener que pasar tiempo en la presencia de Dios. Va a requerir un esfuerzo. Vas a tener que esforzarte para reposar.

Cuando la presión de los problemas es fuerte y el diablo te está gritando: "¡Haz algo, haz algo!", tratando de hacer que recurras a tu propio esfuerzo, la cosa más difícil que alguna vez podrás hacer será permanecer firme y decir: "Mi fe está en Dios, y si Él no interviene, seré un hombre muerto". Eso es todo. Se requiere esfuerzo para reposar. Es necesaria mucha fe para reposar. Ésta es una verdad poderosa.

Dios ya ha suministrado todo. Sólo necesitas confiar en esta realidad.

Requiere Esfuerzo

Ha habido ocasiones en que la manera como he reposado ha sido empezando a alabar a Dios por lo que Su Palabra dice que Él ya hizo, sin importar lo que veo o siento. Cuando empiezo, a hacer alabanza, no necesariamente siento el deseo de alabar a Dios. Siento ganas de llorar, de echarme a correr, y de decir: "Padre, esto no está funcionando". Sin embargo, doy un paso de fe y empiezo a alabarlo diciendo: "Padre, te agradezco porque estoy sano. Gracias porque estoy bendecido. Gracias porque soy lo que Tu Palabra dice que soy". Simplemente empezaré a alabarlo y a entrar en Su reposo.

A lo mejor empiezo a hacerlo en la carne. A lo mejor verdaderamente no siento ganas de hacerlo; sin embargo, lo haré porque sé que es lo correcto. Y si continúo, después de un rato empezaré a escucharme a mí mismo decir: "Eso está muy bien. Sí creo que soy sano. Sí creo que Dios ha provisto a mis necesidades. Sí creo que Él ya ha hecho esto". Después de un rato, una fe genuina empieza a surgir en mi corazón. Luego, ya no lo estoy haciendo sólo porque sé que es lo correcto. Lo hago porque verdaderamente lo creo. En el momento en que entro al ámbito de la fe—donde la fe se mezcla con la gracia de Dios—¡boom! El poder de Dios se libera y veo que las promesas de Dios se manifiestan.

Va a requerir esfuerzo. No puedes dejarte arrastrar por las circunstancias y la gente. Vas a tener que nadar en contra de la corriente. Vas a tener que ir en contra de tus sentimientos y en contra de lo que las circunstancias dicen. Eso requiere esfuerzo.

Estas verdades están funcionando para mí, y también funcionarán para ti. Dios ya ha previsto todo. Todo lo que necesitas ya está hecho. Tú no necesitas presionar a Dios ni rogarle, pidiéndole cosas. Él ha previsto cualquier necesidad que tú pudieras tener. Dios ya ha provisto a tu necesidad. Ahí está el remedio. Ahora sólo tienes que reposar. Tienes que llegar al punto donde crees—no solamente dices que crees. La fe es una fuerza activa en tu interior, pero requiere esfuerzo liberarla. Pero en primer lugar, debes saber y comprender la verdad de que Dios ya ha suministrado todo.

Capítulo 16

Comprender el Amor de Dios

En la nueva creación, a través de lo que Jesucristo hizo, Dios ya suministró todo. Necesitamos aprender qué es lo que ha sido suministrado por gracia. Luego debemos aprender cómo entrar en el reposo que eso proporciona, confiando en Dios y apropiándonos por fe de lo que Él ya ha suministrado.

Aunque esta verdad fundacional tiene muchas aplicaciones, el efecto principal que ha producido en mí tiene que ver con mi relación personal con Dios. Ha impactado profundamente mi capacidad para comprender lo mucho que Dios me ama. Todo lo demás en la vida Cristiana es el resultado de esta relación.

Hay muchas personas que están tratando de aplicar alguna fórmula. Están buscando una fórmula mágica, diciendo: "Dame dos o tres instrucciones, algo que pueda hacer". Tratan a Dios como si fuera una máquina tragamonedas. "Dame algo donde pueda poner una moneda para jalar la palanca y que Dios aparezca". No funciona de esa manera.

La verdad más importante que he aprendido de todo esto, es que el amor de Dios por mí en incondicional. No se basa en nada de lo que yo hago. El amor de Dios hacia mí es constante. Nunca fluctúa a causa de mi comportamiento. Cuando mi comportamiento es mejor, Dios no me ama más. Cuando me porto mal, Dios no me ama menos. He llegado a reconocer que la gracia de Dios—y por lo tanto, el amor de Dios, y el hecho de que Él me acepta—es incondicional. No tiene nada que ver con quién soy yo. Tiene todo que ver con quién es Él. No es porque soy encantador. Es porque Él es amor. Ésta es una de las aplicaciones de mayor importancia de esta verdad.

Sentimientos Sin Controlar

En esto se mostró el amor de Dios para con nosotros, en que Dios envió a su Hijo unigénito al mundo, para que vivamos por él.

1 Juan 4:9

¿Cómo sabemos que Dios nos ama? Esto no está basado en un sentimiento, o en si tenemos alguna emoción. Efesios 4:19 dice que ellos, después que…

Perdieron toda sensibilidad, se entregaron a la lascivia.

Como lascivia no es una palabra que usamos con frecuencia hoy por hoy, mucha gente simplemente se salta esta palabra sin pensar sobre su significado. La lascivia, es la codicia y el deseo sin controles, restricciones ni frenos. Efesios 4 está diciendo que hay una generación de personas que habiendo perdido todo uso normal y natural de la sensibilidad se ha entregado a la lascivia—emociones, sentimientos y deseos sin control ni restricciones. Nosotros estamos viviendo en una generación como esa.

Esta generación ha sobrepasado el propósito original de Dios con respecto a las emociones. Hoy en día la gente ha elevado a las emociones a un nivel que es totalmente impío. Literalmente he hablado con miles de personas que me han dicho que están deprimidos. Les he preguntado: "¿Cuál es el problema? ¿Qué es lo que te está deprimiendo?"

Contestan: "Bueno, nada. No se me ocurre nada. Simplemente me siento así". Ni siquiera tienen otra razón para su problema que no sea: "Así me siento".

Hemos puesto los sentimientos en un altar, hasta llegar al punto en que si no sentimos algo, entonces seguramente eso no es verdad.

Los sentimientos son inconstantes. Dios nos los dio, y en el lugar adecuado están bien. Pero cuando tú permites que tus sentimientos te dominen, estás actuando como un niño. Los niños dicen: "Bien, no siento ganas de hacerlo". Si eres el padre o la madre, tienes que decirle: "No me importa si sientes ganas de hacerlo o no. Te pedí que lo hicieras. Ahora levántate y hazlo". No siempre sientes ganas de ir a trabajar, pero parte de ser un adulto es que te levantas y haces lo que tengas que hacer. Sólo una generación malcriada y próspera como esta en la que estamos viviendo, se puede dar el lujo de hacer lo que siente ganas de hacer.

Personas Difíciles de Complacer

Hace una o dos generaciones, la gente estaba batallando para sobrevivir. No importaba cómo se sentían. No tenían tiempo para sentarse y discernirlo. Estaban muy ocupados tratando de cubrir sus gastos y haciendo lo que podían para cubrir sus necesidades. Pero ahora andamos por ahí pensando: "Ya no siento que te amo. No siento ganas de hacer esto". Tú no puedes alabar a Dios mientras te estás chupando el dedo como un bebé. ¡Sácate el dedo de la boca, madura, y deja de permitir que los sentimientos te dominen!

Ha habido miles de personas que se han acercado a mí diciendo: "Pero no siento que Dios me ama".

Les contesto: "Bien, entonces tus sentimientos están mal".

"Oh, pero necesito sentirlo".

"¿Por qué necesitas sentirlo?"

"No es real si no lo siento".

¡Eso es tonto! Y es lo que está destruyendo a muchos matrimonios hoy en día. Sería maravilloso si todos los cónyuges trataran a su esposo o esposa exactamente como se supone que deben hacerlo. Sin embargo, tú estás casado con un ser humano imperfecto que es propenso a cometer pecado. No siempre hace o dice las cosas correctamente. Tú necesitas madurar y en algunas ocasiones ser flexible. No importa que no siempre te trate muy bien. Haz lo correcto—no lo que sientes que quieres hacer.

"Bueno, no siento que mi cónyuge me ame". Sabes que sí te ama, pero no lo sientes. A lo mejor no te lo dijo con frecuencia. Algunas personas son lo que yo llamo "personas difíciles de complacer".

Algo parecido sucede con los caballos; hay unos que casi puedes matarlos de hambre y aun así se ven saludables. Estos caballos son "fáciles de mantener". Otros pueden ser alimentados hasta que se mueran de una indigestión por comer tanto, y sin embargo se siguen viendo raquíticos. Estos son "difíciles de mantener". Hoy por hoy nos hemos convertido en personas difíciles de complacer porque hemos elevado los sentimientos a un nivel en el que debemos sentir todas las cosas para creerlas. Eso es algo inmaduro e infantil. Las emociones tienen su lugar, pero no es el lugar que ocupa para la mayoría de las personas. Hemos ido más allá de las emociones y hemos caído en la lascivia—hasta el grado de que necesitamos sentir todo.

Gobierna Tus Emociones

Algunas personas podrían saber cuál es la verdad, pero eso no importa. Lo que importa es lo que sienten. Eso es muy carnal. Es demoníaco. Es una degradación de lo que Dios quería que fuéramos.

Hace tiempo escuché un casete de una persona que estaba ministrando. La mayor parte de lo que ella dijo estuvo muy bien. Sin embargo, en uno de sus ejemplos, ella estaba hablando sobre la hija de una amiga que tenía un cierto problema. Ella estaba aconsejándola y tratando de ayudarla cuando la hija dijo: "Lo que pasa es que mis padres no me trataron bien. No me respetaron. No hicieron esto, ni esto". Esta dama dijo en el casete: "Yo conozco a los padres, son buenos padres. No fueron perfectos. No hicieron todo correctamente. Pero lo que la hija estaba diciendo sobre ellos no era verdad. Aunque no fueron perfectos, esos padres amaron y respetaron a esa hija".

Luego esta ministra dijo: "Sabía que la muchacha estaba mal, pero no le dije nada porque no importaba si estaba mal o bien. Para ella el maltrato era real". Cuando escuché a esa mujer decir eso, inmediatamente saqué el casete y lo tiré por la ventana. Detesto esa actitud. La detesto apasionadamente.

Alguien podría decir: "Pero eso está bien. Para ella es real". No, está engañada. Es la verdad la que te va a liberar (Jn. 8:32). Lo correcto hubiera sido detenerla en medio de lo que estaba diciendo y decirle: "Tu percepción está mal. Y mientras no empieces a actuar con sabiduría y a darte cuenta que no todo el mundo te va a mimar y a tratarte muy bien toda la vida, mientras no dejes de echarle la culpa a otras personas por la ofensa que tú te asignaste, y mientras no empieces a aceptar tu propia responsabilidad, nunca vas a crecer y a madurar".

A lo mejor sientes algunas cosas con tanta pasión que a ti no te importa si son verdad o no. Para ti son verdad. Te aseguro que sólo la verdad—la verdadera verdad, no la "verdad" que tú sientes—es la que te liberará (Jn. 8:32). Vas a tener que sacarte el dedo de la boca y madurar y empezar a reconocer algunas cosas. El propósito de Dios es que gobiernes a tus emociones, no que tus emociones te gobiernen a ti.

"Pero no lo Siento"

Cuando la gente se acerca a mí diciendo: "¿Por favor podrías orar por mí? Simplemente no siento el amor de Dios". Empiezo a leerles 1 Juan 4:9, y les digo: "¿No sabes que Dios te ama? Jesucristo vino y murió por ti".

"Ah, yo sé que Jesucristo murió por mí. Y sé que Dios me ama. Pero no lo siento".

Cuando escucho eso siento ganas de darles un tirón de orejas. Tú sabes que Dios te ama, pero no lo sientes. No se te pone la piel como carne de gallina. No tienes una sensación avasalladora en ese momento. Y por eso, porque no te sientes amado, te olvidas de la verdad, de la realidad, de La Palabra. ¡Todo porque no lo sientes!

"Andrew, ¿podrías orar para que yo sienta algo?"

¡Eso es lascivia! ¡Es algo inmoderado, perverso, y demoníaco! No siempre tienes que sentir algo.

Sin Pretextos

En esto se mostró el amor de Dios para con nosotros, en que Dios envió a su Hijo unigénito al mundo, para que vivamos por él.

1 Juan 4:9

Porque de tal manera amó Dios al mundo, que ha dado a su Hijo unigénito, para que todo aquel que en él cree, no se pierda, mas tenga vida eterna.

Juan 3:16

Si sabes eso, no tienes ninguna justificación para sentirte deprimido, desanimado, derrotado, o solo. A lo mejor tienes razones, pero no tienes justificación. Tienes el conocimiento que es necesario para liberarte si simplemente meditaras en esta verdad diciendo: "Padre, Tú me amas".

Mas Dios muestra su amor para con nosotros, en que siendo aún pecadores, Cristo murió por nosotros.

Romanos 5:8

Este amor que Dios nos dio a través de Jesucristo no vino como respuesta a tu bondad, ni porque tú te lo merecías, ni porque orabas, ayunabas, y estudiabas La Palabra. No vino porque te llenaste de humildad y empezaste a ser una buena persona. Piensa sobre lo que estos versos dicen: Dios mostró Su amor por nosotros—inclusive murió por nosotros—¡siendo aún pecadores!

Un Religioso Hipócrita

Quizá has sido un pecador "bueno" o uno "malo", pero todos hemos pecado y estamos destituidos de Su gloria (Ro. 3:23). Comparándote con otras personas, a lo mejor te ves bien. Pero comparado con Jesucristo, todos ofendemos a Dios. Todos hemos quedado muy por debajo del nivel donde Dios quería que estuviéramos. Dios no ve a alguien y dice: "Oh, casi cumple con el estándar. Es tan bueno que tengo que ayudarle y darle un empujoncito". No, desde la perspectiva de Dios—la perfección—todos hemos quedado por debajo de lo que Él quiere que seamos (Ro. 3:23). Ninguno de nosotros merecíamos que Él desperdiciara Su esfuerzo en nosotros, mucho menos que mandara a Su hijo a morir por nosotros. Nadie se merece el amor de Dios.

Antes de que verdaderamente puedas comprender lo mucho que Dios te ama, tienes que dejar de amarte tanto a ti mismo. Tienes que dejar de pensar que de una manera u otra eres un trofeo de Dios, y que Él no puede vivir sin ti. Tienes que dejar de confiar en ti mismo, y reconocer el estado en que estás.

Aunque yo ya había sido vuelto a nacer a la edad de ocho años, la experiencia que transformó mi vida vino cuando tenía diez y ocho años de edad. Me había convertido en un fariseo religioso. ¡Estaba viviendo una vida tan santa que yo era más santo que el pastor de la iglesia! Cada semana yo evangelizaba más personas que él. En toda mi vida nunca he dicho una palabra profana, y ya cumplí los sesenta años. Nunca he bebido licor, ni fumado un cigarro, ni siquiera he probado el café. No estoy diciendo que el café y el alcohol sean lo mismo. Por cierto, hay un versículo en el que te puedes apoyar para beber café. Marcos 16:18 dice:

Si bebieren cosa mortífera, no les hará daño.

Estaba viviendo una vida de santo, pero había caído en el engaño de confiar en mi bondad propia. Mientras pensé que Dios me debía algo, nunca tuve una revelación profunda de lo mucho que Dios me amaba. Pero el 23 de Marzo de 1968, cuando tenía diez y ocho años de edad, Dios quitó un velo de mis ojos. Fue una revelación sobrenatural. El resplandor de Su luz me llenó y me vi a mí mismo como la persona que verdaderamente era. Aunque había vuelto a nacer, era un religioso hipócrita.

El Comienzo de Dios

A lo mejor tú has mentido, robado, cometido inmoralidad sexual, y has hecho muchas otras cosas que yo nunca hice; sin embargo, verdaderamente dudo que alguna vez te hayas visto a ti mismo como una persona más pecadora que yo. Me vi a mí mismo desde la perspectiva de Dios. Vi mi vileza—mi hipocresía y mi religiosidad—y dejé de confiar en mí. En esa ocasión dejé al descubierto mi interior y confesé mi pecado por más de una hora. Verdaderamente esperaba que el Señor me matara. Me habían dicho que Dios había sido el que había matado a mi papá cuando yo tenía doce años de edad. Pensaba que Dios nos juzgaba. Cuando me di cuenta de lo malo que yo era, pensé que también era la primera vez que Dios lo veía, y en realidad esperaba que Él me matara allí mismo. Verdaderamente no estoy exagerando. Pensé que no iba a sobrevivir esa noche. Así que confesé todo—no sólo mis acciones, también mis pensamientos, emociones, y actitudes. Dejé al descubierto mi interior, con la esperanza de que antes de que Dios me matara, me hubiera arrepentido lo suficiente para que me llevara al cielo.

Para mi sorpresa, cuando me llené de humildad y dejé de poner fe o confianza en mí mismo, el amor de Dios fluyó de una manera tangible que sencillamente me transformó. Por cuatro meses y medio fue como si me hubiera trasladado a otro lugar. Estaba absorto experimentando la presencia de Dios. El Señor simplemente me amó. Sin embargo, nunca hubiera entendido la profundidad del amor de Dios si hubiera pensado que yo había hecho algo para merecerlo.

Si todavía estás defendiendo tu justicia propia, entonces nunca entenderás verdaderamente el amor de Dios. Tienes que dejar de confiar en ti mismo. Por eso Dios dio la ley del Antiguo Testamento. Lo hizo para mostrar lo impío que somos—hacernos conscientes de nuestras limitaciones. La ley condena; es severa. Su propósito era hacerte consciente de tus limitaciones porque sólo cuando dejas de confiar en ti mismo empiezas a confiar en Dios.

Capítulo 17

Incondicional

Dios por gracia, mostró Su amor para con nosotros. Siendo aún pecadores, Cristo murió por nosotros. Él no vio en ti algo que fuera tan maravilloso que hiciera que ya no pudiera prescindir de ti. Fue por Su gran amor.

> ***Pero Dios, que es rico en misericordia, por su gran amor con que nos amó,...***
>
> Efesios 2:4

El Señor está motivado para amarnos no porque seamos adorables, sino porque Él es amor. Esto es lo que el equilibrio entre la gracia y la fe me ha enseñado. El amor de Dios por mí no está vinculado a ningún valor mío.

La Autoestima en Lugar de la Estima de Cristo

"Pero Andrew, esto es deprimente. Es desalentador. ¿Qué estás tratando de hacerle a mi autoestima?" Tu ego es lo que causó que Jesucristo viniera a esta tierra y que muriera. A lo mejor tú eres mejor que yo, pero aun así tú has causado mucho quebranto y dolor tanto en tu vida como en la de otros.

Como creyente de Jesucristo, no estoy interesado en la autoestima—estoy interesado en la estima de Cristo. Estimo lo que Jesucristo ha hecho. Estoy emocionado con lo que soy en Cristo—lo que Dios ha hecho en mí. Pero hay una parte de mí que es corrupta. Hay una parte que niego y rechazo conforme camino en el Espíritu (Ga. 5:16). Hay una parte de mí que aún no ha vuelto a nacer. Mi espíritu es vuelto a nacer, pero todavía tengo esta parte que es carnal. Por lo tanto hay una parte de mi ser que no estimo.

Hay veces que te sientes terriblemente corrompido moralmente. Hay veces que actúas como el diablo. Cuando actúas como un tonto, deberías sentirte como un tonto. Dios nos dio las emociones. Es algo parecido a las sensaciones de tu mano. Si estuvieras distraído podrías apoyarte sobre una estufa que estuviera caliente y podrías causarte un daño irreparable. Pero Dios nos dio la sensación del dolor. A ninguno de nosotros nos gusta. Pero si tú pones tu mano en una estufa caliente, antes de que te puedas dar cuenta qué tan caliente está, tu mano te lo dirá. Si sientes dolor, instantáneamente quitarás tu mano antes de que te quemes más.

Dios te dio la capacidad de sentirte deprimido o desanimado, pero no para que pudieras vivir en ese estado.

Dios Me Ama

La Biblia dice en Isaías 26:3, Señor:

Tú guardaras en completa paz a aquel cuyo pensamiento en ti persevera; porque en ti ha confiado.

Si estás deprimido, no estás manteniendo tu mente enfocada en Dios. Estás viendo las circunstancias. Has permitido que tu atención se aparte de Jesucristo, el autor y consumador de tu fe (He. 12:2). La razón por la que te estás hundiendo es porque dejaste de ver a Jesucristo. Empezaste a ver el viento y las olas a tu alrededor, y eso te provocó temor (Mt. 14:30). Tus sentimientos tienen un propósito.

Cuando el desánimo me ataca, no lo ignoro. Reconozco que ahí está porque no he estado meditando en Dios. No me he estado enfocado en el Señor como debería. Así que vuelvo a enfocarme en el Señor, y mis sentimientos se vuelven a armonizar con La Palabra.

Pero inclusive cuando no me estoy sintiendo bien, no empiezo a dudar que Dios me ama sólo porque no lo siento. Tengo escrito en mi corazón que Dios me ama. Es una regla absoluta— primordial— de la que nunca me desvío.

Mas Dios muestra su amor para con nosotros, en que siendo aún pecadores, Cristo murió por nosotros.

Romanos 5:8

Eso significa que no tuvo nada que ver con mi bondad, ni con nada de mi persona. Todo se debió a Dios.

Mucho más

Mucho más, estando ya justificados en su sangre, por él seremos salvos de la ira.

Romanos 5:9

Dios te amó por Su gracia—no con base en tu comportamiento. Si Él te amó, siendo tú aún pecador, tanto que murió por ti, entonces ¡cuánto más te amará ahora que eres vuelto a nacer!

La iglesia común y corriente enseña mucho menos. Ellos nunca lo aceptarían, pero su actitud los delata. Ellos dicen: "Ven con el Señor Jesucristo tal y como eres. Si eres un pecador, eso significa que reúnes los requisitos. Jesucristo murió por los pecadores". Pero no son consistentes.

¿Qué pasaría si alguien entrara a un servicio religioso en estado de ebriedad y apestando a alcohol? El Cristiano común y corriente se acercaría a esa persona y le diría: "Dios te ama. Él puede ofrecerte una vida mejor. Jesucristo murió por tus pecados. ¿No te gustaría que fuera tu salvador? ¿No te gustaría recibir perdón por tus pecados?" El Cristiano típico le ofrecería la gracia a un hombre perdido. Pero supongamos que ese borracho hace una oración para recibir la salvación y que regresa ebrio la siguiente semana; si profesa ser un creyente, el mismo Cristiano que le ayudó a recibir la salvación le diría: "¡Dios está enojado contigo. Él no te va a bendecir. Dios no va a contestar tus oraciones. La ira de Dios se va a desatar sobre ti! ¡Mejor arrepiéntete! ¡Arrepiéntete o quémate!" Empezarían a sermonearlo acerca de la ira de Dios.

Ésta es la razón por la que mucha gente atraviesa por un período cuando vuelven a nacer que llaman "la luna de miel". Cuando eras un pecador te dijeron: "No importa lo que hayas hecho. Ven, acepta a Jesucristo, y obtendrás el perdón de tus pecados. Así que respondes: "Ésa es una buena nueva", y lo crees. Tú recibes la salvación y te enamoras de Dios, los colores te parecen más brillantes, los sonidos más armónicos, los aromas son más placenteros. Todo es maravilloso porque crees que Dios te ama.

"¿Qué Es lo que Está Mal?"

Luego vas a la iglesia. Allí ves a alguien que testifica que fue sanado de algo. Así que dices: "Bueno, yo tengo un malestar y también me gustaría ser sanado". En esa iglesia oran por ti, pero no ves una manifestación instantánea. Así que preguntas: "¿Por qué no funcionó?" Ellos te contestan: "Por el pecado". Y tú dices: "Pensaba que Dios me había perdonado".

"Oh, sí. Él lo hizo en aquel momento. Pero tú has pecado desde entonces. Ahora vas a tener que estudiar más, leer la Biblia una hora al día, orar en lenguas, e ir a la iglesia. ¿Has estado pagando tus diezmos? Dios no te va a bendecir a menos que pagues tus diezmos".

De repente, sin que te des cuenta, el sentimiento que tenías de que Dios te amaba incondicionalmente con base en Su gracia es reemplazado con: "¡Ajá! Si voy a recibir algo de parte de Dios, tengo que empezar a comportarme como un santo. Tengo que hacer todas estas cosas o Dios no me bendecirá". Dejas de poner fe en la gracia, y en cambio empiezas a tratar de merecer y ganarte el favor de Dios.

Pero Romanos 5:8 revela que Dios te amó tanto que siendo aún pecador Cristo murió por ti. Romanos 5:9 dice que con más razón ahora eres salvo de la ira de Dios a través de Él. A lo mejor viniste a Cristo cuando estabas viviendo en adulterio. Confesaste que Cristo es tu Señor, creyendo en tu corazón que Él fue resucitado de entre los muertos, e instantáneamente entraste en una relación con Dios. El adulterio no pudo impedir que te acercaras a Dios. A lo mejor has mentido y robado. A lo mejor has sido un adicto a las drogas o un alcohólico. Hiciste toda clase de cosas, sin embargo, viniste al Señor. Tú creíste y aceptaste a Jesucristo como tu Señor, e instantáneamente entraste a una relación con Dios.

Pero ahora que has vuelto a nacer, te sientes culpable. Sabes que deberías estudiar más La Palabra. Prometiste que ibas a orar a diario, pero no lo has cumplido. Te enojas con tu cónyuge en el camino a la iglesia, o tuviste una discusión y no has ido a tu casa. No fuiste a ver el partido de tus hijos, y te sientes culpable. Dios te aceptó cuando eras un adúltero, un mentiroso, un ladrón, un adicto, un asesino; sin embargo, ahora si no lees la Biblia a diario ni oras, Él podría permitir que te murieras de cáncer.

Una Mentalidad de Obras

Por tanto, de la manera que habéis recibido al Señor Jesucristo, andad en él.

Colosenses 2:6

Para poder creer en el Señor Jesucristo, tuviste que haber escuchado algo sobre la gracia de Dios. Dios mostró Su amor por ti. Siendo aún pecador, Cristo murió por ti. Hace dos mil años Jesucristo llevó los pecados del mundo aun antes de que nacieras. Cuando tú escuchaste la buena nueva de la gracia de Dios, tu fe simplemente la alcanzó y se la apropió.

Pero ahora que te has convertido en un religioso, has empezado a tratar de ganarte las cosas. A lo mejor es a través de hacer "cosas buenas" como ayunar, orar, y estudiar La Palabra, pero tu motivo es ganarte el favor de Dios. Tu fe ya no está basada en el amor incondicional de Dios que proveyó todo de manera gratuita para ti. Está basada en lo santo que eres. Tu fe está en ti y no en la gracia.

Quizá estás esquivando lo que estoy compartiendo, y te estás diciendo a ti mismo: "Ése no soy yo". Sé honesto contigo mismo ante el Señor. Así viven la mayoría de las personas. Operan con una mentalidad de obras, que es la razón por la que no están experimentando una mejor relación con Dios ni manifestando los beneficios de la salvación. Sienten que tienen que ganarlo, así que constantemente están tratando de actuar en vez de recibir el amor de Dios por gracia—poniendo fe en el favor de Dios que es inmerecido, y que no puedes ganar. El amor de Dios por ti no tiene nada que ver con lo bueno que eres.

Imagínate que en este momento estás en uno de mis servicios religiosos y que alguien se cae muerto. He visto tres personas resucitar de entre los muertos, incluyendo a mi propio hijo. Él estuvo muerto por más de cinco horas; sin embargo, se levantó completamente sano. He visto ciegos y sordos sanados. He visto gente que ha sanado de cáncer, SIDA, diabetes, y muchas otras enfermedades. Si yo dijera: "Muy bien, ¿cuántos de ustedes creen que Dios puede resucitar a esta persona de entre los muertos?", tú levantarías la mano. Si continuara diciendo: "Voy a orar por él y vamos a ver a esta persona resucitar de entre los muertos", estarías emocionado, te levantarías de tu asiento y te dirigirías hacia el frente para poder ver mejor.

Pero probablemente perdería tu entusiasmo cuando dijera: “Bien, si tú lo crees ven aquí y ora por él”. De repente, tu emoción se evaporaría. Tu fe se transformaría en incredulidad y tu expectación en temor. No es que dudes que Dios pueda hacerlo. Tú dudas de la disposición de Dios para usar su poder a tu favor porque no te sientes merecedor.

Independiente de Ti

Todavía no has comprendido que solamente se trata de la gracia de Dios. Tú piensas que tienes que hacer algo para merecer y ganar lo que pides. Es por eso que tienes más fe en mis oraciones que en las tuyas. Si me conocieras tan bien como te conoces a ti mismo, no tendrías más fe en mis oraciones que en las tuyas. ¡Es verdad! Tú piensas que los predicadores no tienen fallas y que viven como santos todo el tiempo. Habla con mi esposa. Te darás cuenta que ella no me ama porque yo me lo merezca. Ella me ama a pesar de quien soy, y no por quien soy.

El problema es que te conoces tan bien que cargas con una conciencia de pecado. Sientes que no mereces nada porque no comprendes totalmente que todo lo hace la gracia de Dios. Dios todavía no ha tenido a nadie que trabaje para Él cumpliendo con todos los requisitos. Yo no cumplo con los requisitos para hacer lo que hago. Dios no me usa porque lo merezco. No soy lo suficientemente santo. Tengo que esforzarme y creer en la bondad y la gracia de Dios.

Ésta es la principal verdad que he recibido de esta revelación. La he aplicado a mi relación con Dios, y yo comprendo Su amor por mí. Lo he experimentado. El día que me di cuenta de lo impío que yo era y que confesé todos mis pecados, fue cuando tuve la primera y mayor revelación que he tenido del amor de Dios. Su amor no estaba basado en mi mérito ni mi bondad. No tenía nada que ver conmigo. Dios te ama totalmente independiente de ti. Tú no tienes que ganar Su amor ni merecerlo. Es la gracia de Dios.

Dios, por gracia, te amó antes de que volvieras a nacer (Ro. 5:8). Ahora que eres vuelto a nacer, Él te ama mucho, mucho, mucho más (Ro. 5:8). Aunque seas el peor santo que conoces, Dios te ama infinitamente más de lo que alguna vez te amó antes de que volvieras a nacer. El amor de Dios por ti es incondicional. No tiene fin y no cambia. Así como tú no hiciste nada para lograr que Dios te amara, de la misma manera, no puedes hacer nada para forzar a Dios para que no te ame. El amor de Dios por ti nunca ha dependido de algo que tú has hecho.

Dios te ama. Si pudieras tener una revelación de eso, se resolverían todos tus problemas.

Todas las Cosas

"Pero tú no comprendes. Me estoy muriendo. El amor de Dios no podría resolver ese problema".

> ***La fe... obra por el amor.***
>
> Gálatas 5:6

Si tú comprendieras cuánto te ama Dios, tu fe se dispararía hasta las nubes. Dios te amó lo suficiente para llevar tus pecados, sufrir la vergüenza, y morir por ti.

> ***El que no escatimó ni a su propio Hijo, sino que lo entregó por todos nosotros, ¿cómo no nos dará también con él todas las cosas?***
>
> Romanos 8:32

Comparado con ser perdonado y amado por Dios, ser sanado, es algo insignificante. A lo mejor no lo has puesto en estas palabras, pero si estás batallando para creer que Dios te va a sanar y para ver la manifestación de esa sanidad, verdaderamente estás batallando con el amor de Dios.

¿La Voluntad de Dios?

En una ocasión un hombre trajo a una de mis reuniones a su hija en una silla de ruedas. Ella tenía doce años y era tetrapléjica. Su mente estaba muy deteriorada. Ella no podía hablar ni comunicarse. Era un vegetal. Usaba pañales. Tenía doce años, pero nunca se había podido comunicar. Estaba respirando, pero parecía que no tenía vida. Durante el servicio cuando declaré: "Es la voluntad de Dios que todas las personas sean sanas", este hombre se ofendió, se levantó y se salió.

Las personas que lo habían traído a la reunión le dijeron: "¿Por qué no te esperas a que el servicio termine y le preguntas a Andrew qué es lo que quiere decir. A lo mejor te lo podría explicar? Así que este hombre se quedó y platicamos al final del servicio. Estaba parado en frente de su hija que estaba sentada en una silla de ruedas. Él estaba detrás de la silla, diciéndome: "Dios la hizo así. Ésta era la voluntad de Dios. Él está recibiendo la gloria por esto". Este hombre estaba malinterpretando Las Escrituras.

Le expliqué con base en Santiago 1 que Dios no es el autor de estas cosas.

> ***Cuando alguno es tentado, no diga que es tentado de parte de Dios; porque Dios no puede ser tentado por el mal, ni él tienta a nadie.***
>
> Santiago 1:13

Toda buena dádiva y todo don perfecto desciende de lo alto, del Padre de las luces, en el cual no hay mudanza, ni sombra de variación.

Santiago 1:17

Él pensó que yo estaba malinterpretando mis versículos, y yo pensé que él estaba malinterpretando los suyos. Nos encontrábamos en un callejón sin salida.

"¿Qué Clase de Padre Eres?"

Como este hombre ya estaba enojado conmigo, pensé: "No tengo nada que perder". Así que lo vi a la cara y le dije: "¿Para empezar, dime qué clase de padre eres? ¡Ni siquiera amas a tu hija. A ti ni siquiera te importa si alguna vez será normal. No te importa si alguna vez caminará. No te importa si alguna vez podrá interactuar con alguien, si alguna vez se casará. A ti no te importa! ¡Tú no amas a tu hija!"

¡Este hombre estaba enfurecido! Había perdido los estribos, gritándome y diciéndome: "Yo haría cualquier cosa. Si hubiera una operación, pagaría cualquier cantidad de dinero. Si pudiera me haría como ella, para que ella pudiera estar bien".

Luego le dije: "¡Y tú crees que Dios ama a tu hija menos de lo que tú la amas!"

Podríamos haber discutido sobre versículos y doctrina por toda una eternidad. Pero cuando resumí todo al amor, él sabía que no había nada que le hubiera impedido ayudar a su hija y sanarla si hubiera podido. Sin embargo, en esta situación, él estaba pensando que a Dios, que es todo poderoso, no le importaba su hija tanto como a él. Cuando me referí a la relación padre-hijo y hablé del amor, él tuvo que decir: "Comprendo lo que quieres decir. Si Dios verdaderamente es Dios—si es un Dios bueno—seguramente es Su voluntad que mi hija esté bien".

Capítulo 18

¡Sí Reúnes los Requisitos!

Comprender el amor de Dios resolvería tus problemas teológicos. Te liberaría de la creencia de que Dios es el que está ocasionando terremotos, huracanes, tsunamis, tornados, y otros desastres para castigar a la gente. ¡Ése no es Dios!

La religión ha estado desvirtuando al Señor. Predican el evangelio parcialmente. Ellos cantan esta canción: "Sublime gracia del Señor, que a un infeliz salvó", y predican la gracia para que los pecadores sean vueltos a nacer. Es por eso que es tan fácil ser vuelto a nacer. Se ofrece la gracia, y la fe simplemente es una respuesta positiva a lo que Dios ya ha hecho.

Supón que la salvación se hubiera presentado de una manera diferente. "Jesucristo podría perdonar tus pecados. Él podría venir a esta tierra para morir por ti si tú te arrepintieras y oraras lo suficiente. Si tú prometieras que nunca volverás a hacer algo malo y que vas a vivir como un santo, entonces posiblemente Dios podría hacerlo". Tú nunca habrías sido salvo porque habrías pensado: "Nunca funcionará para mí". Pero la razón por la que fue fácil para ti recibir la salvación es porque fue ofrecida como algo consumado.

Es una buena noticia, no una buena profecía. Ya sucedió. Ya ocurrió. Se supone que las noticias deben decirte algo que ya sucedió. La razón por la que es fácil ser vuelto a nacer, es porque te dijeron que Jesucristo ya había muerto por los pecados del mundo. Él ya mostró su amor hacia nosotros porque siendo aún pecadores, Él murió por nosotros. Éstas son noticias. Así que dices: "Bien, si es algo que ya sucedió, lo recibiré".

Es fácil estirar la mano y recibir algo que ya está hecho. Si ya está hecho, entonces no se puede dudar diciendo: "¿Lo hará Dios?" Ésa es la razón por la que ser vuelto a nacer es relativamente fácil. Pero luego te topas con el mismo problema con que los Gálatas se toparon.

¡Insensatos!

Los Gálatas eran personas que habían recibido el Evangelio y eran salvos. Pero luego, poco tiempo después, los Judíos religiosos aparecieron y empezaron a decir: "La fe en Jesucristo no es suficiente. También tienes que ser circuncidado, tienes que observar la ley, y las fiestas. Tienes que empezar a hacer esto y esto". Empezaron a pervertir y a cambiar el evangelio. Ellos dijeron: "Puede ser que seas vuelto a nacer por gracia, pero Dios no te bendecirá, ni contestará tus oraciones, ni actuará en tu vida hasta que empieces a vivir como un santo".

Pablo respondió a esta perversión del evangelio con la redacción de su carta a los Gálatas. ¡De todos los libros de la Biblia, éste contiene el ataque más agresivo y violento en contra de esta clase de incredulidad!

¡Oh gálatas insensatos!

Gálatas 3:1

La palabra que se tradujo como "**insensatos**" literalmente significa "tontos".

¿Quién os fascinó...?

Gálatas 3:1

¡Es demoníaco! ¡Están viviendo en un engaño!

Mas si aun nosotros, o un ángel del cielo, os anunciare otro evangelio diferente del que os hemos anunciado, sea anatema.

Gálatas 1:8

Seguramente algunas personas pensaron: "Oh, eso es muy cruel. No creo que él haya querido decir eso". Pero el siguiente versículo dice:

Como antes hemos dicho, también ahora lo repito: Si alguno os predica diferente evangelio del que habéis recibido, sea anatema.

Gálatas 1:9

Pablo no quería que nadie malinterpretara lo que él estaba diciendo. Aquí es donde el cuerpo de Cristo está hoy por hoy. Están predicando la salvación de una manera parcial, para que seas vuelto a nacer por gracia. Pero luego después de que eres vuelto a nacer, y empiezas a tratar de vivir como un santo, te preguntas: "¿Dios mío, he hecho lo suficiente?"

Tu Comportamiento

Miles de gentes se acercan a mí diciendo: "¿Por qué no me ha sanado Dios? Yo ayuno y oro. Estudio La Palabra y pago mis diezmos. Asisto a la iglesia y leo La Palabra. Estoy haciendo todo lo que sé que debo hacer. ¿Por qué no me ha sanado Dios?"; con eso me acaban de decir por qué no han sanado. Nunca mencionaron lo que Jesucristo ya hizo por ellos. Mencionaron lo que ellos han estado haciendo, y eso revela que su fe está en todo lo que ellos hacen, porque piensan que Dios responde a su fe. Eso no es la gracia y la fe.

La fe no hace que Dios actúe. Dios ya ha provisto todo para ti independientemente de ti. Todo lo que la fe hace es tomar y apropiarse de lo que Jesucristo ya hizo. Si tú estás señalando tu bondad, entonces no estás poniendo la fe en la gracia de Dios. Estás poniendo la fe en tus esfuerzos y en tu comportamiento.

Es bueno para ti hacer todas estas cosas—orar, ayunar, leer La Palabra, asistir a la iglesia, diezmar—pero no para influenciar a Dios. Repito, el amor de Dios por ti no está basado en lo que haces. Él no te salvó porque tú tenías valor en ti mismo. Él no te salvó porque eras merecedor de ser salvo. Fue su gracia la que depositó Su amor en ti cuando todavía eras un pecador. Tu santidad—o la falta de ésta—no cambia el corazón de Dios hacia ti. Dios te amó antes de que fueras santo. Ahora que eres cuasisanto, Él no te ama menos, ni te amará más.

Pero tu santidad cambiará tu corazón en relación a Dios. Tú necesitas estudiar La Palabra, para que tu corazón cambie; no para que Dios te observe, te recompense y conteste tus oraciones ahora que has sido lo suficientemente bueno. Necesitas asistir a la iglesia, porque te ayuda a ti. Reunirte con otros creyentes te ayuda a entender La Palabra y a relacionarte con otras personas. Necesitas asistir a los servicios religiosos donde la gente está profundizando en La Palabra de Dios, declarando la verdad, y viendo el poder de Dios. Necesitas escuchar testimonios de gente que ha sido sanada, de tumores que han desaparecido, y de milagros que han ocurrido. Es bueno para ti y eso te ayuda.

Pero eso no hace que Dios te ame más. Él no tiene un registro de tu asistencia a la iglesia, y tú no puedes canjear cierto número de servicios religiosos a los que asistes por la respuesta a una oración. Si tú nunca más vuelves a ir a la iglesia, Dios te va a amar exactamente igual. Pero eres un tonto si no vas a la iglesia. Constantemente estamos siendo bombardeados con la incredulidad. Necesitas un lugar donde puedas escuchar la verdad. Necesitas estar cerca de gente que te ame y que volteen la otra mejilla cuando les hagas algún mal. Necesitas estar rodeado de la compañía de los creyentes. Eres un tonto si no vas a la iglesia. ¡Pero Dios te ama, aunque seas un tonto! Su amor por ti está basado en Su gracia, no en tu comportamiento.

No Hay Problema

Esto me ayuda a mí. Puedo tratar de tener una buena autoestima, pensando que nunca estoy mal y que todos los demás son el problema. Nunca soy yo, siempre es alguien más. Pero al final, basta con que me vea en el espejo para darme cuenta que yo hago algunas cosas tontas. Cometo errores. Me bendice saber que el amor de Dios no es condicional.

Recientemente le comuniqué a mis socios que nuestro ministerio había hecho la expansión más grande en la historia de nuestro ministerio. Dimos un paso de fe muy grande y empezamos a transmitir programación en la estación televisora número dos en América. Nos cuesta casi $70,000 dólares por mes, y he estado en esta televisora diez y ocho meses. Hemos invertido en esto casi $600,000 dólares más de lo que ha generado, así que tengo que disminuir mis pretensiones. Algunas personas no pueden tratar con algo así. Dicen: "Ah, ¿cometiste un error?" Bueno, no sería el primer error que he cometido. Dicen: "No creo que yo pudiera lidiar con algo así". Pero para mí, no representa un problema.

Algunas personas piensan que cuando Dios toca la vida de alguien todo es perfecto. Ésa no ha sido mi experiencia. Más bien ha sido algo así: voy en la dirección que Dios quiere que vaya pero no estoy haciendo todo perfectamente. Dios pudo haber escogido a alguien mejor que yo. Él pudo haber escogido a alguien que hablara mejor el inglés y que tuviera mucho más carisma que yo. Definitivamente no soy el cuchillo más afilado en el cajón. Pero, gloria a Dios, estoy viendo que buenas cosas suceden sólo porque sé que Dios me ama a pesar de mí y no por mí.

Muy pocos son los que se creen "perfectos" y que piensan que tienen lo mejor de lo mejor. La mayoría de nosotros tratamos con sentimientos de carencia de valor y nos preguntamos: "¿Dios mío, por qué me escogiste a mí? No reúno los requisitos". Si tú analizas a la gente de La Biblia, verás que a todas las personas a las que el Señor llamó, dijeron: "¡Dios, no puedo hacerlo!" Ellos batallaron por un período de tiempo.

> ***Pues mirad, hermanos, vuestra vocación, que no sois muchos sabios según la carne, ni muchos poderosos, ni muchos nobles; sino que lo necio del mundo escogió Dios, para avergonzar a los sabios; y lo débil del mundo escogió Dios, para avergonzar a lo fuerte; y lo vil del mundo y lo menospreciado escogió Dios, y lo que no es, para deshacer lo que es, a fin de que nadie se jacte en su presencia. Mas por él estáis vosotros en Cristo Jesús, el cual nos ha sido hecho por Dios sabiduría, justificación, santificación y redención.***
>
> 1 Corintios 1: 26-30

Dios no ha escogido a muchos poderosos, ni nobles, ni a muchas de esas personas que lo tienen todo. Dios escoge lo vil del mundo, lo menospreciado, y lo que no es nada, para deshacer lo que es.

Se Aceptan Solicitudes

Si eres un fracasado, un don nadie—¡reúnes los requisitos! Dios no está en contra de la gente que tiene grandes capacidades y talentos. Sólo que todas tus capacidades y talentos comparados con Dios no son nada. Tienes que dejar de confiar en ti y decir: "Dios mío, tienes que ser Tú". Dios dice: "Si eres un don nadie, si eres vil, si eres despreciado—se aceptan solicitudes". Tienes que dejar de confiar en ti y darte cuenta que no se trata de ti.

Cuando comprendes la gracia, te das cuenta que ésta no se basa en tu bondad propia. Simplemente está basada en el amor de Dios. Él te ama a pesar de ser quien eres, no por ser quien eres. Dios te amó antes de que nacieras. Él te amó antes de que pecaras. Él te ama inclusive después de que pecaste. Él mostró su amor por ti. Ahora que lo has aceptado, Él te ama mucho, mucho, mucho más de lo que te amó antes de que lo recibieras, porque ahora has hecho a Jesucristo tu Señor. Tú eres parte de Él, la gracia—la bendición—de Dios está en tu vida incondicionalmente.

Eso es lo que recibí de esa experiencia en 1968. Por primera vez en mi vida, me di cuenta que yo era un don nadie. No tenía ni confianza ni satisfacción personal. Cuando reconocí lo terrible de mi situación, el amor de Dios fluyó hacia mí. Simplemente supe que eso no tenía nada que ver conmigo. Supe que Dios me ama porque Él es amor. Eso es lo que cambió mi vida.

Capítulo 19

Perdonado

Dios manifestó Su amor para con nosotros en que Él murió por nosotros siendo aún pecadores (Ro. 5:8). Sin embargo, a través de la religión, el diablo nos ha convencido de que el amor de Dios—Su aceptación, y Su favor por nosotros— está relacionado con nuestras obras y con nuestro comportamiento. Tú crees que Dios existe. Tú sabes que Él es capaz de hacer cualquier cosa, lo que sucede, es que tú dudas de Su disposición para que actúe a tu favor porque te sientes condenado por tus pecados.

Mis estudios titulados *La Guerra Ya Terminó, y Espíritu Alma y Cuerpo* profundizan más en estas verdades de lo que puedo cubrir aquí.

La mayoría de la gente piensa que Dios te ofrece perdón de todos tus pecados hasta el momento en donde vuelves a nacer. Cuando tú aceptas a Jesucristo, tus pecados pasados son perdonados. Pero después de eso, debes enfrentarte con cada pecado que cometes, arrepentirte de él y cubrirlo con la sangre. Principalmente hay dos aplicaciones de esto. La versión extrema dice: "Si tú tienes pecado en tu vida que no ha sido confesado y murieras en un accidente automovilístico antes de que lo confesaras, te irías al infierno. Aunque hayas sido una persona vuelta a nacer por veinte años, si tienes pecado sin confesar en tu vida y mueres, te vas al infierno. Pierdes tu salvación aunque hayas tenido comunión con Dios durante todos esos años". La mayoría de los Cristianos creen en una interpretación menos radical de la misma idea. Dicen: "Dios no va a contestar tu oración, ni se va a relacionar contigo, ni te va a usar si hay algún pecado en tu vida". Ambas están equivocadas.

Todos Estamos Fallando

De acuerdo a Hebreos 9, 10, y 12, Dios perdonó todos tus pecados—pasados, presentes, y futuros. Aun los pecados que todavía no has cometido ya han sido perdonados. Tu salvación, el amor de Dios por ti, el que Dios te use, y conteste tus oraciones no dependen de que tú confieses todos tus pecados. Si así fuera, yo debería matarte en el preciso momento en que vuelves a nacer. A lo mejor me iría al infierno, pero sería la única manera como podrías llegar al cielo. Ésa es la única manera como podrías caminar en el gozo del Señor. ¿Por qué? Porque pecado no es solamente las cosas malas que haces. La Biblia dice:

> ***Y al que sabe hacer lo bueno, y no lo hace, le es pecado.***
> Santiago 4:17

Pecado también es lo que deberías estar haciendo pero que estás dejando de hacer. Todos los creyentes deberían amar a sus esposas como Cristo amó a la iglesia. A lo mejor lo estás haciendo mejor que nunca, pero no lo estás haciendo a la perfección. Se supone que las esposas deben respetar al esposo como la iglesia debe respetar a Cristo. A lo mejor estás actuando mejor que otras personas, pero nadie respeta a su esposo como se supone que la iglesia debe respetar a Cristo. Ninguno de nosotros estudia La Palabra tanto como le gustaría y debería. Ninguno actúa con amor hacia otros exactamente como deberíamos. Nadie es perfecto. Tú cometes pecados de los que ni siquiera te das cuenta. Tú fallas todo el tiempo. De acuerdo a La Biblia, pecar es fallar. Todos estamos fallando. Si tú piensas que tienes que tener todo pecado confesado, simplemente debes darte por vencido. Nunca lo vas a lograr.

"Pero de acuerdo a 1 Juan 1:9, ¿no se supone que debemos confesar nuestro pecado?" Permíteme decirte que, verdaderamente te recomiendo que obtengas un ejemplar de mi libro *La Guerra ya Terminó.* En ese libro dediqué todo un capítulo para contestar precisamente esa pregunta, que aquí lo voy a resumir brevemente.

Todos tus pecados—pasados, presentes, y hasta los que todavía no has cometido—ya han sido perdonados (He. 9, 10, 12). En el instante en que volviste a nacer, tu nuevo hombre—espíritu vuelto a nacer—fue creado en justicia y verdadera santidad (Ef. 4:24). Tú fuiste santificado y perfeccionado para siempre (He. 10:10,14). En ese preciso momento fuiste sellado con el Espíritu Santo (Ef. 1:13). Cuando tú pecas, el pecado no penetra el sello que cubre a tu espíritu. No penetra ni afecta a tu espíritu. Como Dios es un Espíritu, Él te ve de Espíritu a espíritu vuelto a nacer (Jn. 4:24). Esto significa que Dios te ve tan justo, santo, y puro como Jesucristo es (1 Co. 6:17; 1 Jn 4:17). Así es tu espíritu vuelto a nacer, y ya está sellado. Cuando tú pecas, ese pecado no afecta tu posición correcta con Dios. Es a través de quien eres en Cristo—tu espíritu vuelto a nacer—que debes tener relación con Dios.

Saca a Satanás

Sin embargo, tu cuerpo y tu alma sí se contaminan cuando pecas. Satanás solamente viene para robar, matar y destruir (Jn 10:10). Si tú te sometes al pecado, te estás sometiendo al autor de ese pecado—el diablo (Ro. 6:16). El sometimiento al pecado le permite a Satanás hacer una incursión en tu cuerpo para traer pobreza, enfermedad, y dolencias. Le permite hacer una incursión en tu alma para traer depresión, desaliento, y cosas similares. Así que sí, el pecado todavía produce consecuencias—pero no en tu espíritu vuelto a nacer ni en tu relación con Dios. Son tu alma y tu cuerpo los que se contaminan. Si tú le permites a Satanás hacer una incursión en tu vida, él se comerá tu almuerzo y no va a dejar ni las migajas.

Así que como creyentes, ¿qué hacemos cuando sabemos que hemos pecado? En primer lugar, si tú estás viviendo con el conocimiento y la revelación que Dios te ha dado, entonces la sangre de Cristo te limpia hasta de los pecados que cometiste sin darte cuenta.

> ***Si andamos en luz, como él está en luz, tenemos comunión unos con otros, y la sangre de Jesucristo su Hijo nos limpia de todo pecado.***
>
> 1 Juan 1:17

Pero cuando tú sabes que has cometido un pecado, 1 Jn. 1:9 dice que lo confieses.

> ***Si confesamos nuestros pecados, él es fiel y justo para perdonar nuestros pecados, y limpiarnos de toda maldad.***
>
> 1 Juan 1:9

"Confesar" es reconocer: "Dios, Tú estabas en lo correcto. Yo estaba equivocado. Rechazo este pecado". Al confesar y arrepentirte, tú le estás cerrando la puerta al diablo. También estás extrayendo la justicia y santidad que ya existen en tu espíritu vuelto a nacer y las estás enviando hacia tu carne (cuerpo y alma). Esto sacará a Satanás de tu vida. Aunque al someterte al pecado tú le diste al diablo un derecho legal para intervenir en tu vida, cuando confiesas este pecado, te arrepientes, y lo rechazas, liberas el poder que está localizado en tu espíritu para que salga y te limpie de toda injusticia.

Sin Fluctuar

1 Juan 1:9 no significa que debes confesar todo pecado para que puedas tener una relación con Dios. Eso sería imposible. ¡Ni siquiera te das cuenta cada vez que pecas! Si hice que te enojaras porque ataqué tus tradiciones religiosas, a lo mejor, ahora mismo, estás pecando contra mí. Podrías estar pensando algunas cosas malas sobre mí. Pero, te guste o no te guste, soy tu hermano en el Señor.

Quizá vamos a ser vecinos en el cielo, ¿quién puede saberlo? Si tú me estás odiando en tu corazón, La Biblia dice que eres culpable de homicidio (1 Jn. 3:15).

No puedes vivir de esta manera. Aunque no estés molesto conmigo, te molestarás con alguien. Pensar que tú tienes que tener todo confesado para poder estar bien con Dios pone la carga de la salvación sobre ti. Es como si quisieras tratar de salvarte a ti mismo. No, ¡solamente hay un salvador, y no eres tú! Jesucristo murió por todos tus pecados—pasados, presentes, y hasta los del futuro. Ya estás perdonado.

Tú debes comprender que nada de lo que has hecho hizo que Dios te amara. No hay nada que puedas hacer para que Dios no te ame. Él es amor (1 Jn. 4:8). Sin embargo, hay muchas cosas que puedes hacer que te impedirán recibir este conocimiento. El pecado te convertirá en un retrasado espiritual. Tu corazón se endurecerá—será indiferente, insensible, y rebelde—hacia Dios (He. 3:13).

El pecar no es algo inteligente. Es algo tonto. Es emocional. Cuando pecas, te cubres los ojos. No puedes ver ni percibir. Te haces insensible y pierdes tu percepción. Sí, el pecado tiene consecuencias, pero Dios es un Espíritu y Él te está viendo en el espíritu (Jn 4:24). Aún cuando tú has pecado y le has permitido a Satanás hacer una incursión en tu vida, el amor de Dios nunca ha fluctuado. Él te ama tanto como siempre lo ha hecho. Él no te ama porque eres adorable. Él te ama porque Él es amor.

Sobria, Justa y Piadosamente

A lo mejor estás pensando: "Estás fomentando el pecado". No, no lo estoy haciendo. Odio el pecado, probablemente hasta más que tú. Tú no puedes decir: "Andrew, tú predicas la gracia porque te permite vivir una vida de pecado". He vivido más santamente sin proponérmelo de lo que la mayoría de las personas han podido vivir a propósito. Mi estándar de santidad es mucho más estricto que el de la mayoría de la gente. La verdadera comprensión de la gracia de Dios no fomenta el pecado.

> ***Porque la gracia de Dios se ha manifestado para salvación a todos los hombres, enseñándonos que, renunciando a la impiedad y a los deseos mundanos, vivamos en este siglo sobria, justa y piadosamente.***
>
> Tito 2: 11, 12

La gracia de Dios te enseña a vivir una vida sobria, justa, y piadosa. La gracia de Dios no ha hecho que yo vaya a vivir en pecado. Estás despistado si piensas que estoy motivando a la gente a vivir en pecado. Estoy motivando a la gente para que comprenda que el amor de Dios por ellos es incondicional. Y si alguna vez recibes una revelación de eso, servirás más a Dios sin proponértelo de lo que lo has hecho a propósito.

Capítulo 20

¿Religión o Relación Personal con Dios?

El amor será una mayor motivación para servir a Dios que el temor lo ha sido. El temor lleva en sí castigo (1 Jn 4:18). Muchos Cristianos sufren tormento en su relación con Dios porque piensan: "Tengo que hacer todas estas cosas para lograr que Dios me ame".

Qué clase de relación tendrías si tu cónyuge se acercara a ti y te dijera: "Muy bien, a menos que hagas esto y esto, no voy a convivir contigo. Estoy llevando un registro, y a la primera que falles, no te voy a hablar. No vas a obtener dinero de mi parte. Te voy a castigar. Y hasta podría imponerte un cáncer si no te arrepientes y cambias".

Así es como la religión ha presentado a Dios. "Él no va a hablar contigo. No va a contestar tus oraciones, ni siquiera las va a escuchar. Dios se está tapando los oídos hasta que te arrepientas. Va a hacer un drama y se va a emberrinchar. Puede ser que mate a tu hijo, porque está molesto, debido a que no has hecho tu lectura diaria de la Biblia". ¡Nadie querría vivir con una persona así!

No puedes tener una buena relación con Dios si tú la estás basando en tu comportamiento y en tu temor. Ésta es la imagen que la religión ha pintado de Dios, y nos preguntamos por qué la gente está batallando para mantener una buena relación personal con Él.

Lo que Más me Gusta Hacer

Dios te ama porque Él es un Dios bueno. ¡Es la gracia! Y por cierto, tu fe no hace que Él actúe. Dios no te está respondiendo a ti. Tu fe es la respuesta que tú le das a Él. Tú necesitas comprender que Dios te ama y que trata contigo por gracia. Él ya ha perdonado todos tus pecados. Tú debes dejar de pecar para que no le permitas a Satanás que haga una incursión en tu vida. Pero tu santidad—o la falta de ésta—no es la base de tu relación con Dios.

Al comprender y aplicar estas verdades en tu vida, avanzarás a un nivel totalmente nuevo en tu relación con Dios. Será muy fácil creerle. ¿Si Dios te amó tanto que murió por ti cuando eras un consumado sinvergüenza, cuánto más te ama ahora que eres un sinvergüenza a secas? ¿Cuánto más actuará ahora Él en tu vida? Esto reduce la vida cristiana a algo sumamente simple.

Dios me ama. Yo estudio La Palabra, no para hacer que Dios me ame, sino porque quiero leer Su carta de amor y descubrir lo mucho que me ama. Oro, no porque tengo que hacerlo, sino porque quiero. No estoy contando las horas de oración para obtener algún mérito con Dios. Oro porque amo a Dios y verdaderamente disfruto pasar tiempo con Él.

Los líderes de la alabanza de nuestras reuniones regionales con frecuencia cantan una canción que dice: "Lo que más me gusta hacer es pasar mi tiempo contigo". ¿Es esto verdadero referido a ti? ¿Verdaderamente pasar tiempo con Dios es lo que más te gusta hacer? Puedo decirte que sí lo es para mí. No digo esto para exaltarme, y para condenarte. Lo comparto para motivarte y para que te des cuenta que sí es posible. Es más, esta clase de intimidad y relación con Dios no sólo es posible—es principalmente para lo que Él nos creó.

Lo que la religión y la tradición te han enseñado sobre Dios es lo que te impide disfrutar la presencia de Dios. No es fácil pasar tiempo con alguien que consideras responsable de matar bebés, de hacer que alguien sea un retrasado mental, y de que otros nazcan deformes. ¿Cómo puedes acercarte a la persona que "envió" los ataques terroristas, las tormentas violentas, y las otras cosas que llaman "actos de Dios"? No puedes. Pero cuando comprendes la verdad de que Él es verdaderamente bueno, lo que más te gustará hacer será amarlo y pasar el tiempo con Él.

Un Regalo

Digo esto último con amor y compasión, pero si ésta no es tu experiencia—entonces eres un religioso. Has sido engañado. Tú estás poniendo fe en tu esfuerzo y estás pensando que Dios te está respondiendo a ti. Necesitas comprender la gracia de Dios, y comprender que tu fe simplemente es la manera como te apropias de la bondad de Dios. Estoy seguro que esto está poniendo a prueba gran parte de tus creencias, pero es verdad.

A lo mejor en el transcurso de la lectura de este libro, te has dado cuenta que tu fe ha estado puesta en tus obras y en tu comportamiento en vez de Cristo. Me gustaría darte una oportunidad para que empieces tu relación con Dios. Sin embargo, tienes que comprender que no te conviertes en un Cristiano por nacer en una nación "Cristiana" ni por crecer en un hogar Cristiano. Asistir a la iglesia no te hace Cristiano, como tampoco permanecer en una cochera te convierte en un coche. Debes ser vuelto a nacer.

Debes renunciar a confiar en ti mismo, y debes comprender que Dios te ama—no porque lo mereces, sino porque Él es amor. Él envió a Su Hijo—Jesucristo—hace dos mil años para pagar por todos tus pecados. El pago ya ha sido hecho. ¿Lo aceptarás ahora como un regalo?

> ***Si confesares con tu boca que Jesús es el Señor, y creyeres en tu corazón que Dios le levantó de los muertos, serás salvo.***
>
> Romanos 10:9

La manera Bíblica de recibir este regalo es confesar con tu boca que Jesucristo es el Señor y creer con tu corazón que Dios lo resucitó de entre los muertos. Si lo haces, serás salvo. Pero recibir a Jesucristo como tu Señor significa más que simplemente decir estas palabras. Tienes que estar dispuesto a aceptar a Jesucristo como tu Señor. Eso significa que Él tiene el control y no tú. No estoy diciendo que lo vas a hacer perfectamente, pero tienes que estar dispuesto a que eso suceda.

Recibe a Jesucristo Como Tu Salvador

Quizá eres una persona religiosa. A lo mejor eres una buena persona, y piensas: "Vamos, soy lo suficientemente bueno. *Dios me aceptará*". No se trata de tu bondad ni de lo que has hecho, ni de lo que no has hecho. Se trata de lo que Jesucristo hizo. Tienes que llenarte de humildad y recibir la salvación como un regalo. Si nunca lo has hecho, te invito a que recibas a Jesucristo como tu Señor ahora mismo.

Podrías orar sinceramente con todo tu corazón diciendo algo así:

Jesucristo, renuncio a seguir confiando en mí mismo y en mis propias obras para obtener salvación. Confieso que Tú eres mi Señor. Creo en mi corazón que Dios te levantó de entre los muertos, y yo recibo tu regalo de salvación ahora mismo por fe. ¡Gracias por revelarme Tu amor y Tu gracia!

Después de que eres vuelto a nacer, también necesitas el bautismo en el Espíritu Santo. Para la persona que solamente opera basada en su intelecto, las verdades de La Palabra de Dios que he compartido en este libro no serán comprensibles. El Espíritu Santo debe darte revelación acerca de lo que he estado analizando.

El Beneficio Primordial

Yo dejé de discutir con la gente hace mucho tiempo. Al principio, cuando comencé en el ministerio, acostumbraba discutir con la gente. Me peleaba con ellos, usando montones de versículos, tratando de convencerlos de la verdad. Ya no hago eso. Me he dado cuenta que la comprensión de la verdad debe venir por revelación. Y ésa es la obra del Espíritu Santo (Jn. 14:26; 16:13).

La revelación del conocimiento es el principal beneficio de recibir el bautismo en el Espíritu Santo. La misma Persona que inspiró La Biblia empezará a enseñarte qué es lo que ésta dice. La Palabra dice que mientras oras en lenguas, estás hablando la sabiduría oculta de Dios (1 Co. 14:2; 2:7). Luego puedes orar para interpretar esa lengua (1 Co. 14:13). Así es como tú puedes recibir el conocimiento de la revelación.

Es más, así es como Dios me mostró la mayor parte de estas verdades que he compartido en este libro. Ponía yo la verdad en mi interior al leer y estudiar Su Palabra, pero no podía comprenderla. Así que oraba en lenguas y esperaba confiando que recibiría la interpretación. Dios me daba la revelación y luego me explicaba qué significaba. Estoy convencido, con base tanto en La Palabra de Dios como en mi experiencia personal, que no puedes comprender muchas de las cosas de Dios sin la vivificación del poder del Espíritu Santo.

Si te parece que La Biblia es un libro esotérico, es porque el Espíritu Santo lo escribió dirigido a tu corazón—no a tu cerebro. Tú necesitas que el autor de este libro te lo revele a ti. Aunque orar en lenguas es importante—y es parte del bautismo en el Espíritu Santo—el beneficio principal que experimenté cuando recibí al Espíritu Santo fue el conocimiento de la revelación. Finalmente empecé a comprender y el conocimiento de la revelación estalló en mi interior.

Después de que eres vuelto a nacer, necesitas ser bautizado en el Espíritu Santo. Tú necesitas esto para poder tener éxito en la vida Cristiana, para operar con los dones del Espíritu Santo, y para progresar en las cosas de Dios. Como eres un hijo, tu amoroso Padre celestial quiere darte el poder sobrenatural que necesitas para vivir esta vida nueva. Si todavía no lo has hecho, te invito a que recibas este don—el bautismo en el Espíritu Santo—ahora mismo.

Recibe al Espíritu Santo

Todo lo que tienes que hacer es creer, pedir y recibir.

Porque todo aquel que pide, recibe; y el que busca, halla; y al que llama, se le abrirá... ¿cuánto más vuestro Padre celestial dará el Espíritu Santo a los que se lo pidan?

Lucas 11: 10, 13

Hazlo, y ora con todo tu corazón algo parecido a lo siguiente:

Padre, reconozco que necesito Tu poder para comprender tu Palabra y para vivir esta vida nueva. Deseo recibir Tu revelación del conocimiento. Por favor lléname con tu Espíritu Santo. Por fe, lo recibo ahora mismo. Gracias por bautizarme. ¡Espíritu Santo, te doy la bienvenida a mi vida!

Felicidades—¡ahora estás lleno del poder sobrenatural de Dios!

Algunas sílabas de un lenguaje que no reconoces surgirán desde tu corazón a tu boca (1Co. 14:14). Mientras las declaras en voz alta por fe, estás liberando el poder de Dios que está en ti y te estás edificando en el espíritu (1 Co. 14:4). ¡Tú puedes hacer esto cuando quieras y donde quieras!

Realmente no interesa si sentiste algo o no cuando oraste para recibir al Señor y a su Espíritu. Si creíste en tu corazón que lo recibiste, entonces La Palabra de Dios te asegura que así fue.

> ***Por tanto, os digo que todo lo que pidiereis orando, creed que lo recibiréis, y os vendrá.***
>
> Marcos 11:24

Dios siempre honra Su Palabra ¡créelo!

Por favor escríbeme y dime si hiciste la oración para recibir a Jesucristo como tu Salvador o para ser lleno del Espíritu Santo. Me gustaría regocijarme contigo y ayudarte a entender más plenamente lo que ha sucedido en tu vida. Te enviaré un libro gratis que te explicará la salvación y el bautismo en el Espíritu Santo. Es el mismo libro que doy a todas las personas que reciben estos dones en nuestras reuniones de evangelismo. Miles de personas han recibido el don de hablar en lenguas al leer este libro. Tenemos una línea de ayuda en la que empleamos a Cristianos maduros a quienes les dará gusto orar contigo y enviarte este libro que se titula: *El Nuevo Tú y el Espíritu Santo.* Nuestra línea de ayuda está en servicio de las 4:00 AM a las 9:30 PM (hora de montaña) todos los días de lunes a viernes. El número de teléfono es (719) 635-1111. Llámanos—aquí estamos para ayudarte a comprender más de, y a crecer en, tu nueva relación con el Señor.

Bienvenido a tu nueva vida. Espero que disfrutes de una relación íntima con Dios viviendo cada día en el equilibrio de la gracia y la fe.

Otras Publicaciones de Andrew Wommack

Espíritu, Alma y Cuerpo

El entender la relación entre tu espíritu, alma y cuerpo es fundamental para tu vida Cristiana. Nunca sabrás en realidad cuánto te ama Dios o creerás lo que Su Palabra dice sobre ti hasta que lo entiendas. En este libro, aprende cómo se relacionan y cómo ese conocimiento va a liberar la vida de tu espíritu hacia tu cuerpo y tu alma. Puede inclusive explicarte por qué muchas cosas no están funcionando de la forma que esperabas.

Código del artículo: 701

Título en inglés: *Spirit, Soul and Body*
ISBN: 1-59548-063-3

El Nuevo Tú

Es muy importante entender lo que sucedió cuando recibiste a Jesús como tu Salvador. Es la clave para evitar que La Palabra que fue sembrada en tu corazón sea robada por Satanás. La enseñanza de Andrew provee un fundamento sólido de las Escrituras que te ayudará a entender. La salvación es sólo el inicio. Ahora es tiempo de ser un discípulo (aprender de Él y seguirlo). Jesús enseñó mucho más que sólo el perdón de pecados; Él trajo al hombre a una comunión con el Padre. Desde la perspectiva de Dios, el perdón de los pecados es un medio para alcanzar un objetivo. La verdadera meta es tener comunión con Él y ser más como Jesús.

Código del artículo: 725

El Espíritu Santo

¡Aprenda por qué el bautismo del Espíritu Santo es una necesidad absoluta! Vivir la vida abundante que Jesús proveyó es imposible sin esto. Antes de que los discípulos de Jesús recibieran al Espíritu Santo, eran hombres débiles y temerosos. Pero, cuando fueron bautizados con el Espíritu Santo en El día de Pentecostés, cada uno se volvió un poderoso testigo del poder milagroso de Dios. En Hechos

1:8 Jesús nos dice que el mismo poder está disponible para nosotros.

Código del artículo: 726
ISBN: 1-59548-053-6

La Gracia, el Poder del Evangelio

Encuestas recientes indican que la mayoría de los Cristianos, aquellos que aseguran ser renacidos, creen que su salvación depende por lo menos en parte de su comportamiento y de sus acciones. Sí, creen que Jesús murió por su pecado, pero ya que lo han aceptado como su Salvador creen que aún deben cubrir ciertos estándares para ser lo suficientemente "buenos". Si eso es verdad, entonces ¿cuál es el estándar y cómo sabes que ya lo cumpliste? La iglesia ha tratado de contestar estas preguntas por siglos y el resultado siempre ha sido una esclavitud religiosa y legalista. Entonces, ¿cuál es la respuesta? Se debe empezar por hacer la pregunta correcta. No es: "¿Qué debemos hacer? Más bien: "¿Qué hizo Jesús?" Este libro te ayudará a entender, por medio del libro de Romanos, la revelación del Apóstol Pablo de lo que Jesús hizo, nunca más preguntarás si estás cumpliendo con el estándar.

Código del artículo: 731 ISBN 978-1-59548-094-1

Título en Inglés: *Grace, The Power Of The Gospel*
ISBN: 978-1-57794-921-3

La Guerra Ya Terminó

El Conflicto de mayor duración en la historia de la humanidad duró 4000 años y culminó con una victoria absoluta hace casi 2000 años. Aun así, muchos todavía no han escuchado estas noticias y continúan peleando la batalla—la batalla en contra del pecado y del juicio. En la cruz Jesucristo dijo: "Consumado es", se proclamó la victoria, y la reconciliación comenzó. Ésta era la victoria que se prometió cuando Jesucristo nació y los ángeles declararon: "¡Gloria a Dios en las alturas, y en la tierra paz, buena voluntad para con los hombres!" La paz de la que Él habló no era la paz entre los hombres, sino la paz entre Dios y la humanidad. El pecado ya no es el problema; el precio ha sido pagado de una vez por todas. ¿Fue Su sacrificio suficiente para ti? ¿Crees que Dios está restringiendo Su bendición y que la razón es tu pecado? Las respuestas que encontrarás en este libro te liberarán de la condenación y el temor. ¡Te liberarán para que recibas las promesas anunciadas por Dios!

Código del artículo: 733
ISBN: 978-1-59548-119-1

Título en Inglés: *The War Is Over*
ISBN: 13:978-1-57794-935-0

La Autoridad del Creyente

El controversial tema de la autoridad del creyente en Cristo se discute extensamente en la iglesia hoy. Andrew Wommack, maestro de la Biblia reconocido internacionalmente nos trae una nueva perspectiva sobre esta importante verdad espiritual que podría poner a prueba todo lo que has aprendido. Al escudriñar Las Escrituras, Andrew revela la importancia espiritual de tus decisiones, tus palabras, y tus acciones y cómo afectan tu capacidad para enfrentar los ataques de Satanás y para recibir lo mejor de Dios. Descubre las poderosas verdades encerradas en la verdadera autoridad espiritual y empieza a ver verdaderos resultados.

Código del artículo: 735 ISBN 978-1-59548-136-8

Título en Inglés: *The Believer's Authority*
ISBN: 13-978-157794-936-7

Made in the USA
Monee, IL
25 September 2025

30228573R00105